JN063885

ひとり社長
だから自由自在！

驚くほど高収益な

ビジネスモデル設計法

一圓克彦
ICHIEN KATSUHIKO

明日香出版社

はじめに

前著『ひとり社長の稼ぎ方・仕事のやり方』を上梓させていただいてから、早くも1年以上が経過しました。

この1年で私達を取り巻く環境がガラリと激変しました。新型コロナウイルスの影響で、規模の大小を問わずあらゆる企業がダメージを負っています。

しかも、リーマンショックのような金融危機（信用不安）に端を発した「上流からの不景気」ではありません。ウイルスの影響で人が出歩けないという「現場から発生した未曽有の不景気」のため、多くの企業が確実に苦境に立たされています。

いつまで続くのかわからないという真っ暗なトンネルに突入したような錯覚すら感じます。

おそらく、これから今までの常識の多くが覆されていくでしょう。何が正解で何が不正解かわからない時代の到来です。

そんな時代でも、私達はビジネスによって糧を得なければなりません。正確な未来を予測できなくとも、今ある情報とモノ、その他のリソースを使って、何としてでも利益を得ていかなければなりません。

多くの業界でこれまでのビジネス（の常識）が通用しなくなった今、これからの時代に合わせた新しいビジネスモデルが必要とされています。

また、リモートワークや独立（雇用から請負へ）など、働き方を新たにする方も増えています。

私の周りでも、組織を抜け出し自分一人でビジネスを立ち上げた人、やむなく既存事業を手放し一人で再スタートを切った人。たくさんいらっしゃいます。

本書は、そんな友人たちに向けて書きました。

・スタッフや潤沢な資本を持たずとも、「ひとり社長」としてしっかりと糧を得るビジネス
・そのビジネスを組み立てる時必要となる「ビジネスモデル」の作り方と動かし方

何が正解かわからない時代でも、「ひとり社長」として戦っていく方法を一挙に公開しました。

前半は「ビジネスモデルを構成する要素」について細かく分解してお伝えしております。あなたのビジネスを構築する際のアイディア創出にご活用ください。

後半は「ビジネスモデルを動かすノウハウ」について、解説しました。事業戦略や営業戦略、顧客開拓ノウハウなど、ビジネスモデルを動かす際のヒントとしてご活用ください。

この10年間、「ひとり社長」としてさまざまな事業を手掛け、何度も失敗を繰り返しながら、激動の時代を必死で生き抜いてきた、そんな私の失敗経験を、一人でも多くの「ひとり社長」にお役立ていただけましたら幸いです。

時代が暗かろうが、ぜひ「ひとり社長」の生き方を、一緒に楽しもうじゃありませんか。

一圓 克彦

目次：ひとり社長だから自由自在！　驚くほど高収益なビジネスモデル設計法

第6章 高収益モデルを作り上げる「3つ」の掛け合わせ

第7章　ビジネスモデルを発展させる営業戦略

第8章　ひとり社長の多角化戦略

第9章 ひとり社長のオペレーション戦略

第10章　ひとり社長10の掟

カバーデザイン：２５６　萩原　弦一郎

第1章

ひとり社長のビジネスモデル「基本のキ」

01

ビジネスモデルってなんだ？

「『ビジネスモデル』という言葉、聞いたことがないよ！」

こんな方は少数でしょう。「新しいビジネスモデルだ」とか「素晴らしいビジネスモデルだね」だとか、たびたび耳にすることもあるかと思います。

「そんな日常的に使われる『ビジネスモデル』という言葉、日本語で説明してみて？」

と言われたら、あなたはどう答えますか？

実際に、私の周りの方々に聞いたところ、

「売上の作り方でしょ？」

「売り手とお客様が効率的につながるための仕組み？」

「より利益が出る付加価値商品を売るための考え方かな？」

という感じでさまざまな回答をいただきました。

前述のとおり、ある方は「売上」にフォーカスし、ある方は「コミュニケーション」にフォーカスし、ある方は「商品」にフォーカスしています。一見バラバラのように見えますが、実は全てビジネスモデルという考えに内包される要素なのです。

このように、ビジネスモデルという言葉自体大きな概念を示すため、人それぞれとらえ方が変わってきます。本書ではビジネスモデルのことを「**誰に、どんな商品を、どうやってお届けし、どのような収益を上げるか**」と定義します。

つまり、ビジネスモデルの設計・構築は、

①顧客を想定する
②商品を構成する
③デリバリー構造を設定する
④収益モデルを組み上げる

この４つの要素を組み上げ、一つに統合することと同じ意味です。
では次に、この４つの要素を、それぞれ詳しく見ていきましょう。

02

顧客想定
～お客様は誰なのか～

「お客様を想定しましょう！」というと、「40代の既婚男性をターゲットに」「20代のOLの方に向けて」という具合に、いきなり想定ターゲットを絞る方がいらっしゃいますが、ちょっと待った！

たしかに、のちのちターゲットを絞るという作業が必要になりますが、まず最初に、もっと大きな枠組みで顧客想定をしていきましょう。

大きな枠組み、つまり、

・公共（国や自治体）
・企業
・個人

というレベルからです。

というのも、**いきなり詳細なターゲットを設定すると、あなたの商品が適する潜在的なマーケットを見落としてしまう可能性がある**からです。

たとえば、「ピアノの先生をやろう！」と思っている方の多くが、「個人」を無意識に想定して、「音大受験を目指す中高生をターゲットに！」なんて思い込んでしまいます。

もちろん、これはこれでＯＫですし、これが悪いとは言いません。

しかし、お客様は個人だけじゃないはずです。演奏のスキルを活かして、楽器店でのデモ演奏や商業施設の販促イベントの一環としての演奏会などなど、「企業（法人や事業者）」向けのサービスだって作れるはずです。

こんなふうに、「私のやることは個人向けだ」と思い込むあまり、ビジネスの可能性を狭めてしまうことがよくあります。非常にもったいない話です。

まずは、「自分の持っているものが、国や自治体・企業・個人にそれぞれ提供できる可能性はないかな?」という思案をするところからスタートです。

理想を言うと、公共・企業・個人それぞれを想定顧客にして、そこから1段掘り進んでみるのをオススメいたします。

たとえば、こんな感じです。

公共：「人口〇〇万人規模の地方都市をターゲットにしよう」

企業：「〇〇くらいの規模の小売店をターゲットにしよう」

個人：「40代の独身男性をターゲットにしよう」

それができたら、さらにもう1段掘り進みます。その際には「属性」ではなく「状況や求めているもの」を軸に考えてみてください。

前述の例で言うならば、こんな具合です。

公共：人口〇〇万人規模の自治体 ➡ 地域の夏祭り動員数を増やして成功させたい

企業：規模○○くらいの小売店 ↓ 客離れに歯止めをかけて増加に転じさせたい

個人：40代独身男性 ↓ 将来の不安を払拭したい

つまり、顧客想定とは、**【大分類→属性→ニーズ】という具合に考えていく**ということです。

03

商品構成 ～労働集約度と原価を意識する～

ビジネスをスタートさせる際、頭の中で「ネットを使って……」とか「販売のパートナーにお願いして……」などの「どうやって売るか」にばかり、意識を向ける方は少なくありません。

もちろん、これはこれで大切ですが、それよりもまず忘れてはいけないのは、**「何を売るか」**です。

言ってしまえば、**どうやって売るかは後、何を売るかが先**、です。

そして次、「何を売るか」を考える際に重要なのが**「その商品が売れた場合の利益はいくらか（利益率と額の算定）」**ということです。そう、「何が売れるか（売りやすいか）」

ではありません。

流行りに乗ったり、ニーズが旺盛な商品を選んで（または作って）売るという考えは大切ですが、その商品が生み出す利益、これが重要になります。

「そんなことわかってるよ」という声が聞こえてきそうですが、一度あなた自身の商品がどう構成されているか、チェックしてみてください。

実に多くの方が、「売りやすい商品」を売ることを選んだ結果、売れる（売上は上がる）けれども利益が出ない、というジレンマに陥ってしまっています。

もちろん、利益率や1商品あたりの利益額が大きくても、売れなければ商売は成り立ちません。

しっかり利益を出すための商品選びや商品作りができているか。ここをどれだけ考え抜いたかで、商売の成否が決まるといっても過言ではないでしょう。

それほど「何を売るか」は重要なのです。

04

デリバリー構造　～顧客数と販売コストが比例しない仕組み作りを～

デリバリーと聞くと、ついピザ屋さんを想像してしまうのは、私だけでしょうか？

もちろん、この「宅配」という意味としても使用しますが、ここでいうデリバリーとは、

・配達や配送（有形物）
・配信（無形物）
・伝え方（情報伝達）

など、広い意味での解釈をします。

詳細は後述（第4章）で説明しますが、デリバリーを考える際のポイントは**「物量と作業量ができるだけ比例しないモデルを作る」**ということです。

少しわかりにくいかもしれませんので、ここでクイズを出します。答えを考えてみてください。

〈問〉
商品を一つデリバリーするのに、労力が1かかる。さぁ、その商品を１００デリバリーする場合、労力（コスト）がどれくらいかかりますか？

「えーっと、商品1につき労力1だから、商品が１００になったら労力は１００！」

こんな答えを出していませんか？

これではマズイと感じてください。まだまだ「ビジネスモデル（デリバリー）改善の余地あり！」です。

ぜひここで、「商品が１００ならデリバリーの労力は80、さらにはもっと少なく！」となるようなデリバリーの策を考えていきましょう。

・商品（サービス）の販売数とデリバリーが正比例しないモデルを作る

この意識が大切です。

商品の販売数とデリバリーコストが正比例するどころか、こんな事例もあります。お花を通販しているお店での出来事です。そのお店では、商品を一つひとつ丁寧に梱包し、お客様のもとにお届けしていました。

しかし、母の日を前にして一気に注文が増加し、しかも配達指定日が一点に集中しています。結果、発送商品の保管場所や注文データの整理、送り状の管理などのコストや業務が一気に増えてしまいました。

つまり、「商品を一つデリバリーするのに労力が1」という状態から、「商品を100デリバリーするのに労力が120」という結果になってしまったのです。これでは仕事が立ち行かなくなる恐れが出てしまいます。

そこで、次のようなデリバリーの改善を行いました。

・ちょっとしたおまけを用意して、配達希望日が集中しないようにする
・直接とりに来てくださるお客様を優遇する

その結果、提供したおまけのコストを補ってあまりある、改善結果が出せたというわけです。

ひとり社長として仕事をするならば、できる限り労力を抑えて数多くのデリバリーができるように、常に考えておきましょう。

05

利益（収益）構造
～より多く・何度も～

当たり前すぎる話で恐縮ですが、利益は、次のようにして表せます。

・販売個数×販売価格から原価やコストを差し引いたもの

ならば、利益を増やすために何をしなければならないのでしょうか？

ここで、多くの人は販売個数を増やす方に目が行ってしまうと、前項でお伝えしました。

では、販売個数を変えずに利益を増やすには、何をどうすればいいでしょうか？

・販売価格を上げる

・原価を下げる
・コストを削減する

この３つですね。

ここで、多くの方が「原価を下げる」「コストを削減する」に舵を切ってしまうのですが、皆がそちらに舵を切るとどうなるでしょう？

まず、考えられるのが今までの品質を保てなくなること。そのため、多くの人が価格競争に奔走しようとし、長年日本を苦しめているデフレから抜け出せなくなってしまうのです。


もちろん、企業努力として原価の見直しやコスト削減に取り組むことは大切なのですが、「削減」には限界があります。

そこで、挑戦していただきたいのが値上げです。むしろ、デフレに苦しむ我が国では、この値上げをしなければ、事業の存続が危ぶまれる事態になりかねません。

そう考えた時、重要になるのが「値決め」の手法やスキルです。

特に、ひとり社長が多く参入する「無形商品」の値決めは、本当に難しいところがあります。

無形商品ですので、何かを仕入れて販売するワケではありません。在庫を抱える必要もないですし、有形商品と比べて費用も抑えられます。

そのため、お客様の購買ハードルを下げる目的で、ついつい安価な価格設定をしてしまいがちです。

しかし、むやみに安価な価格設定をしてしまうと、のちのち経営を苦しめます。

一度取引が始まってから商品の値段を上げることは非常に難しいのです。

そこで、初回取引時にしっかり利益が出る価格を設定するか、少額ずつであっても長期的に利益が上がり続ける収益モデルで購入していただかなければなりません。

詳しくは第5章でお伝えしますが、私がいつも考える値決めの手法を一つここでご紹介しておきます。

私は、お客様が享受されるメリットを金額換算し、その10分の1を価格の基準としてご提示しています。

これは現在私がご提供している、コンサルティング契約でも、講演料でも、オンラインサロンでも同じです。

繰り返しになりますが、**形のない商品やサービスを販売する際は、価格設定が命綱**であると覚えておいてください。

06

オペレーション
〜やればやるほど楽になるオペレーション〜

前項までで「誰に・何を・どうやって・どれくらいの利益で」というビジネスモデルの4要素をざっと解説してきました。最後に「オペレーション」についても触れておきたいと思います。

オペレーションという言葉を聞くと「機械類の運転・操作」というイメージを持たれる方が多いでしょう。今回、本書では**「ビジネスモデルを実行する作業全般」**というとらえ方で進めていきたいと思います。

デリバリーの項で少し触れましたが、**売上と業務コストが〈正比例する〉オペレーションは、できるだけ避けたい**ところです。特に、ひとり社長という、リソースが限りなく少ないビジネスをするのならば、必ず押さえておきたいポイントです。

売れれば売れるほどしんどくなる状況とは、売上とコストが比例する状況であり、それを避けるためには、外部パートナーさんとの協業が必要不可欠となります。

現に私も、初回顧客対応の窓口や、契約書などの文書や資料の作成業務、顧客リストなどのデータ整理業務、請求書発行や納品業務のほぼ全てを外部パートナーさんに依頼しています。

一部、従量課金（仕事量によって支払額が変動する方式）で依頼している業務もありますが、売上が10倍になったからといって、パートナーさんへの支払額が10倍になることはありません。せいぜい数倍といったところでしょうか？

このように、売上とコストが正比例しないような仕組みを作っておくことが重要です。

07

ひとり社長ならではのビジネスモデル

以上、ここまで「誰に、何を、どうやって、どんな利益構造で」販売し、どうお届けするかというビジネスモデルの根幹を解説してきました。

ただ、これは別にひとり社長に限ったお話ではありません。あらゆるビジネスに共通して言えることです。

このビジネスモデルを「ひとり社長」として考える際、次の二つを付け加えることが重要になります。

【①実行プランの切り分け】

ひとり社長はリソース（設備や人手）に限りがありますので、あらゆる全てを自分でやろうとすると、すぐに活動の限界が見えてしまいます。

「本当なら100個売れるはずの商品なのに、伝票処理やお客様対応に手をとられ、30個しか売れなかった……」

このようなロスを極力少なくするため、外部の力を大胆に利用することが重要です。

そのために、自分でやるべき仕事と、他人（他社）にお任せするべき仕事をしっかりと切り分けるルール作りが重要になります。詳しくは第9章でお伝えしますので、参考にしてみてください。

【②自動化】

たとえば、ネットで商品を販売する場合を想定しましょう。

・入った注文に対して、1件1件メールで注文確認のご連絡と入金のご案内
・この注文データをエクセルに記入して、注文管理
・日々口座をチェックして、入金確認と入金確認のご連絡

・その後エクセルシートを見ながら発送伝票を作成し、1個1個梱包
・発送が終わったら、1件1件発送完了のご連絡
・その間に入るお問い合わせにも1件1件対応
・その後、新商品が出た際には再び既存顧客にメールでお知らせし、注文が入ったら
……（以下繰り返し）

このように、1件1件、都度都度お客様の対応や事務処理をしている方は、少なくありません。一つひとつ改善できないか、考えてみましょう。

たとえば、こんな感じです。

・注文受付のシステムには、多くの場合自動返信の機能があるはずですから、そこに振込口座などを書いておけばよい
・注文データは一括ダウンロードできるはずですから、そこからデータをダウンロードして成形すればＯＫ
・エクセルデータをもとに、送り状の印刷が簡単にできる仕組みがあるので、それを使

えば簡単
・お客様の注文があってから5日後、15日後、30日後と自動でメールを配信する仕組みなどは比較的簡単に構築できるので、それで次の商品をご案内する定形を作る

このような感じで、自動化（省力化）できる部分はたくさんあります。

「何となく難しそうだし面倒だから、パス！」

こんな理由で、サボっちゃ、ダメです。特にひとり社長にとっては、肝となる部分ですので、真剣に考えましょう。

08

最も重要なのは「撤退」のルールを決めること

さて、ここまでざっとビジネスモデルを構成する要素をご紹介してきました。あとは、これをどんなタイミングで実行に移すか。その経営戦略を立てる段階で重要なポイントを一つ挙げましょう。

そのポイントとは、ビジネスモデルを実行し、**うまく事が運ばなかった場合の「撤退地点」を明確にしておくこと**です。

「縁起でもない」なんて声も聞こえてきそうですが、この撤退のルールをあらかじめ決めておくことは、ひとり社長のみならず、全ての経営者に必須の行為と言っても、過言ではありません。

たしかに、誰しも、そのビジネス（モデル）がうまくいくと信じてやまず、希望に胸膨らませ、ビジネスに取り組むはずです。

しかし、その希望的観測が致命傷につながってしまう例をいくつも見てきました。

実は私も、20代の頃にその傷を負った一人です。撤退のルールを決めず、「きっと大丈夫、きっと大丈夫」と傷口をどんどん広げていき、気づいたら致命傷を負ってしまいました。

結果、翌年から1年ほどは借金の返済と後始末に費やす日々が続きました。何とか次のビジネスが軌道に乗ったからよかったものの、「もしアレがなかったら……」と思うとゾッとします。

経営の不手際でピンチに陥ることがなくとも、外的環境の変化や顧客ニーズの変化によって、ビジネスをしていると必ず陰りが出て衰退に向かう時期がやってきます。

その時、**致命傷を負わず、次へのチャレンジができる余力を残した「撤退ポイント」をあらかじめ設定しておいているか**が、重要になるのです。

「これがひとり社長として、永く生きていくための必須ポイントである！」と私は強く強く思うのです。

第2章

ビジネスモデルの顧客想定

～あなたのお客様は誰なのか～

01

どのお客様が適しているかを見極めるには？

顧客の想定をする際、まず最初はあなたの経験が活かせる層を中心に顧客として考えていきます。

つまり、**あなた自身が長くその業界にいて、あなたの経験が活きる分野で、最初は顧客を想定しよう**ということです。

・今まで一般消費者向けの商品を扱うお仕事をしていたのであれば、一般消費者を想定顧客の群としてとらえる

・今まで行政機関向けのお仕事に就かれていたのであれば、行政機関を顧客と想定する

また、その層の中でも自分の経験が最大限活かせる顧客層にさらに絞って、スタートを

切りましょう。

「なんだ、当たり前じゃないか」

こう言われそうなんですが、実は以前こんなことがありました。

私のところに独立起業のご相談に来られた30代の男性は、法人を相手にする問屋さんにお勤めでした。独立後のビジネスやビジョンについてお伺いしたところ、このような回答だったのです。

・直接エンドユーザーの顔（反応）が見られる一般消費者向けのビジネスがしたい

・現職で大口の取引先との取引が終了してしまい、一気に業績が悪化した。大口取引に頼るのは危険なので一般消費者向け取引で小口分散したい

たしかに、おっしゃることは理解できますし、独立起業するなら、自分がやりたいことを事業にしたいという気持ちもわかります。

そして、大口取引に頼ることを危険視していたり、ビジネスをしていく上で、大事な考え方を持っているようにも感じました。

しかし、いったんしっかり考えてみてください、と伝えました。

もしかしたら、この方のように、今までの経験が活かせないところで顧客想定をしようとしている方も少なくないかもしれません。

そこで少しアドバイスをします。

業界には特有のルールや慣習が、必ずと言っていいほど、存在しています。

初めてその業界でチャレンジするため、慣れている業界と比べ、売上が上がらない期間も長く見積もっておく必要もあります。

また、リソースの少ないひとり社長が、異文化を持つ業界に飛び込んで行くと、その異文化に翻弄されかねません。思わぬところに足を引っ張られてしまい、事業どころではない状況に陥ることも想像できます。

もし、どうしてもそこだけで勝負をしたいのなら、起業前で会社勤めをしている時に、テストマーケティングをしたりなど入念な準備を重ねて、勝算を得てから起業を進めるしかないでしょう。

今回の事例で言いますと、法人相手の卸に比べ、一般消費者向けのビジネスは配送や入金管理の手間が膨大になることに気づき、結局この方は、法人対象のビジネスにシフトチェンジされました。

ただ、だからと言って、「異業態に進出するな」ということではありません。

まずは自分の経験が活かせる顧客層をターゲットとし、活動基盤を作って稼いでから、次の業態としてチャレンジすればいいのです。

02

ペルソナを作ることは必要？

お客様（ターゲット）を想定する作業をする際、よく出てくる言葉がこの「ペルソナ」。みなさんも一度は聞いたことがあるのではないでしょうか？

そもそも、ペルソナというのは「人格」という意味で、元をたどると役者が舞台で用いた「仮面」のことだとされています。

その概念を、近代マーケティングにとり入れ、「理想のお客様像」という意味に用いているのが、ここでお伝えするペルソナです。

さて、そのペルソナを作る必要はあるのでしょうか？

そう感じた方も少なくないでしょう。答えはもちろんイエスです。

ただ、注意しなければならないポイントが二つあります。

①　深入りしすぎないこと
②　振り回されないこと

【①深入りしすぎないこと】

ペルソナをしっかり構築しようとすると、アンケートやインタビューなどのリサーチ、データの分析から始まり、年齢層や性別などの基本情報、収入や資金などの生活情報、趣味嗜好などの価値観情報、商品購買や情報に対する感度など、事細かな設定が必要となります。

つまり、ここまでやらなければ、「30代女性」というザックリな属性設定と変わらない、「ぼんやりとした想定」となるのです。

さらに加えて、**法人向け取引の「ペルソナ」を設定するならば、法人としてのペルソナと担当者の方個人の「ペルソナ」両方を設定する**必要があります。

たとえば、リサーチなどで導き出した〈東京都区内・賃貸オフィス・従業員規模30名・卸売業・投資性向旺盛……〉といった法人のペルソナに加え、決済権限者のペルソナ〈40

代前半・男性・ビジュアル理解型・他部署との関係良好・ネットリテラシー高……〉を考えなければいけません。潤沢な人材と資金がある大企業ならいざ知らず、ひとり社長である私達がここまで踏み込むことは現実的ではありませんよね。

というわけで、**ひとり社長は販売活動を実践する上で感覚的に顧客像をとらえていくことをオススメします。「完全なるペルソナ」よりも「半ペルソナ」くらいにとどめておくこと**です。

【②振り回されないこと】

「ある程度の顧客想定をして、商品を開発し、営業販売の計画を立て、ツールを準備し、営業販売を開始した結果、思ったような成果（売上）が上がらなかった……」

こんなことは、本当によくあることです。というか、ほとんどの場合、最初の想定通りにはいきません。

さぁ、その場合、次の一手をどう打つかが重要となります。ターゲットとなるペルソナを変更するのか、ペルソナを据え置いて商品や販売方法を変えるのか。「コレが正解」というものは残念ながらありません。

重要なのは**「見直す順番やルールを決めておく」**ということです。

この順番をあらかじめ決めておかないと、販売不振が露呈した際、「ある時は顧客対象を変え、ある時は販売方法を変え、ある時は……」というように、場当たり的な営業になってしまいます。場当たり的なため、ロスができ、無駄なコストもかさみ、のちのち振り返った時に正しい検証ができなくなってしまうのです。

ちなみに、私は次の繰り返しを行うというルールを決めています。

> 顧客想定と商品はそのままに「売り方（訴求ポイントやツール）」を変えてみる
>
> ←→
>
> 顧客想定はそのままに「商品」を変えてみる

つまり、顧客想定は一切変えないというルールです。

03

「顕在化したお客様」と「潜在的なお客様」を想定する

既に必要性を認識しており、購入を検討している〝ニーズが顕在化している〟お客様と、現在その必要性を認識していない〝ニーズが潜在的な〟お客様を想定し、それぞれのお客様に別のアプローチを施す必要があります。

つまり、顧客想定をする際には、

①ニーズが顕在化したお客様

②潜在的ニーズを持つお客様

という2パターンが必要になるということです。

多くの方が「ニーズが顕在化したお客様」にのみ、フォーカスしてしまうのですが、その理由はズバリ「売りやすいから」。既に欲しいと思っているお客様がいて、その商品をご提案するわけですから、当然ですよね。

しかし、ニーズが顕在化しているお客様は、その商品を次にあげる二つの検討段階に入っていることも考えられます。

・どこで買うのか
・いくらで買うのか

たしかに、商談に進む確率は高くなりますが、熾烈な条件交渉が待っていることがほとんどです。

つまり、語弊を恐れずに言ってしまうなら**「ニーズが顕在化している商品は買い叩かれる」**ということなのです。

一方、潜在的ニーズをお持ちのお客様は、まだそのニーズを満たす商品が存在することを知りません。したがって、あなたが「初めての商談相手」になる可能性が高いということでもあります。その商談で納得していただければ、買い叩かれることは、ほぼないでしょう。

では、その「潜在的ニーズを持つお客様」を想定するには、何をどう考えればよいのでしょうか？

ここで、一つオススメをご紹介しましょう。

それはズバリ、

・違う業界で使われている道具やノウハウを持ち込めないか

この視点で考えてみるということです。

少しわかりにくいかもしれませんので、私の経験を少し紹介します。

私は過去に飲食店を経営していました。お客様のリピートが命運を握る業界のため、リピート率を上げるにはどうしたらいいかと試行錯誤して、顧客リピートの仕組みを何とか構築しました。

その際に最も注力した「いざという時に思い出してもらうキッカケを作る」という施策が、他の業界でも応用できないものか、と考えました。

結果、このノウハウはあらゆる業種に応用可能であることが判明し、今のコンサルティング事業へと発展しました。

さぁ、どうでしょう?

あなたの業界では当たり前にやっていること、当たり前に使っているツールやノウハウを、他業種にスライドできないでしょうか?

その業種にこそ、潜在的ニーズを持つお客様がいらっしゃいます。

04

5つの顧客モデル

ひとり社長が押さえておきたい顧客モデルを5つ、ここで紹介します。

【① 公共（国・地方自治体）向け】

案外見落としがちなのが、この顧客想定です。多くの人が「何だかハードルが高い」ような気がして、最初から除外してしまいます。

しかし、考えてみてください。国や地方自治体、その他行政にまつわる団体も、他の法人や個人と同じで、商品やサービスが提供されないと回っていきません。積極的に狙うのも一手です。

たしかに、品質や取引に厳格な基準があったり、手続きも少々煩雑であることが多いのも事実ですが、これは拠出のベースが税金になっていることが多いため、当然と言えば当然です。

正直、この手続きや決まりを調べるのは、手間がかかります。逆に言えば、**多くの人が面倒だからと言って、顧客ターゲットにしないからこそチャンス**だったりするわけです。

また、公共の団体は「公平・公正」であることが大前提ですから、入札や随意の契約時に適正なステップを踏んでおけば、確実に話が進みます。

「いやぁ、ウチはもう決まったところあるから」
「営業お断りです」

適正なステップを踏めば、このような門前払いをされることはありません。

加えて、貸し倒れの発生率は限りなくゼロです。

私も国や地方自治体から講演依頼をいただくことが少なくありませんが、それには簡単なコツがあります。

行政の担当部署がどこで、いつ頃、どんな発注が出るかということを人づてに聞いたり、直接問い合わせたりすることです。一度、仕組みがわかれば、その後はそこに正々堂々とチャレンジするだけです。

調べ方は簡単。既に取引している人に聞くか、直接役所の窓口に問い合わせるか、これしかありません。

「国や地方自治体なんてハードルが高い！とんでもない！」

こんな思い込みは捨てて、まずは自分で窓口や取引形態を調べるなど、取り組んでみてください。

【②個人（一般消費者）向け】

俗にＢｔｏＣ（Business to Consumer）と呼ばれる一般消費者（個人）の顧客想定です。

ビジネスを行う我々も、ビジネス以外では一人の一般消費者ですから、非常に馴染み深く、この顧客対象の気持ちはつかみやすいはずです。そのため、多くの方がこの個人（一般消費者）向けビジネスに意識を向けます。

しかし、「脱サラしてカフェをやろう」「アパレルや雑貨の通販をしよう」というふうに、この顧客想定をしたビジネスに参入する際は、本当に注意しましょう。

「気持ちやニーズがわかるので、売りやすい」というのと、しっかり利益が出るというのは、まったくの別問題だからです。

日用品や食品、飲食や衣類、つまり「生活費」から費用が捻出される商品は、性能や品質で大きく差をつけない限り、安い商品が選ばれます。大量生産大量販売の大手にはとても太刀打ちできません。

ということで、この顧客ターゲットを想定するのであれば、「生活費」としての支出以外を狙うことをオススメします。

たとえば、お客様が飲食店にどのような目的でお金を払うか、分別してみましょう。

・空腹を満たす食事➡生活費
・パーティーや懇親会➡交際費
・料理教室➡教育娯楽費

こういったように、さまざまな費目（お財布）から代金を頂戴できますよね。そして、お気づきの通り、生活費からの出費には、どうしても値下げ圧力がかかってしまいます。

生活費としての支出は大手の主戦場です。ひとり社長はここで戦わないようにする意識を持っておきましょう。

【③法人（&個人事業主）向け】

俗にＢｔｏＢ（Business to Business）と呼ばれる事業者（主に法人）の顧客想定です。

事業者が顧客とは、どういうことでしょうか？

一般消費者と違い、「安くて高性能」であっても売れるとは限らない、ということです。

当然、価格や性能は重要な要素なのですが、**事業者が商品やサービスを購入する理由は「1円でも儲けを増やしたいから」にほかならない**と、覚えておく必要があります。

・パソコンを買い換えるのは、より処理速度を早めて人件費などのコストを抑えたいから
・福利厚生サービスに加入するのは、従業員の離職率を下げて採用教育コストを下げたいから
・顧客管理システムを導入するのは、より効率よくお客様を開拓して売上を上げたいからだし、ホームページを作ったりＳＮＳを始めるのも同様

購買行動の全てが「売上（利益）を増やす」目的で行われているのです。ということは、事業者（法人・個人事業主）を相手にビジネスをする際のポイントは、次の一点に限ります。

・自分の商品やサービスで、お客様はいくら儲かるのか

これを明確に理解し、それをお客様にお伝えする必要があります。

いいですか?

「作業効率が25%向上します!」じゃダメですよ。

「作業効率が25%向上するので、スタッフさんの給与が30万円だとすると、月間で3万円、年間36万円のコスト削減になります。そしてその空いた時間で○○をすれば、3万円のコスト削減に加え、単純計算2万円の利益が出ると思いませんか? つまり、スタッフさん一人あたり、月額5万円の利益増です!」

これくらいまで、説明できるようにしておいたほうがいいでしょう。

【④法人(&個人事業主)の先の個人向け】

表面上は対法人のビジネスですが、実はその法人で働く個人をターゲットにする手法です。

ある日、事務所の前に自動販売機を設置させてほしいとの依頼(営業)がありました。

自動販売機の電気代は設置した会社持ちですが、飲み物代を支払うのはその会社で働くスタッフです。

これが、法人の先の個人向けビジネスです。

その自動販売機は、設置した会社のスタッフ向けとして、定価よりも安く価格設定をしましたので、その会社としては電気代を賄って少しだけお金が残る程度でした。

一方、飲料メーカーはしっかりと売上を作ることができます。

このように、「法人を構成するのは個人」という考え方で、法人の中で働く個人のお財布から支出していただく商品やサービスをじっくり考えてみると、意外な発見が多々あるものです。

最近はめっきり見る機会がなくなりました

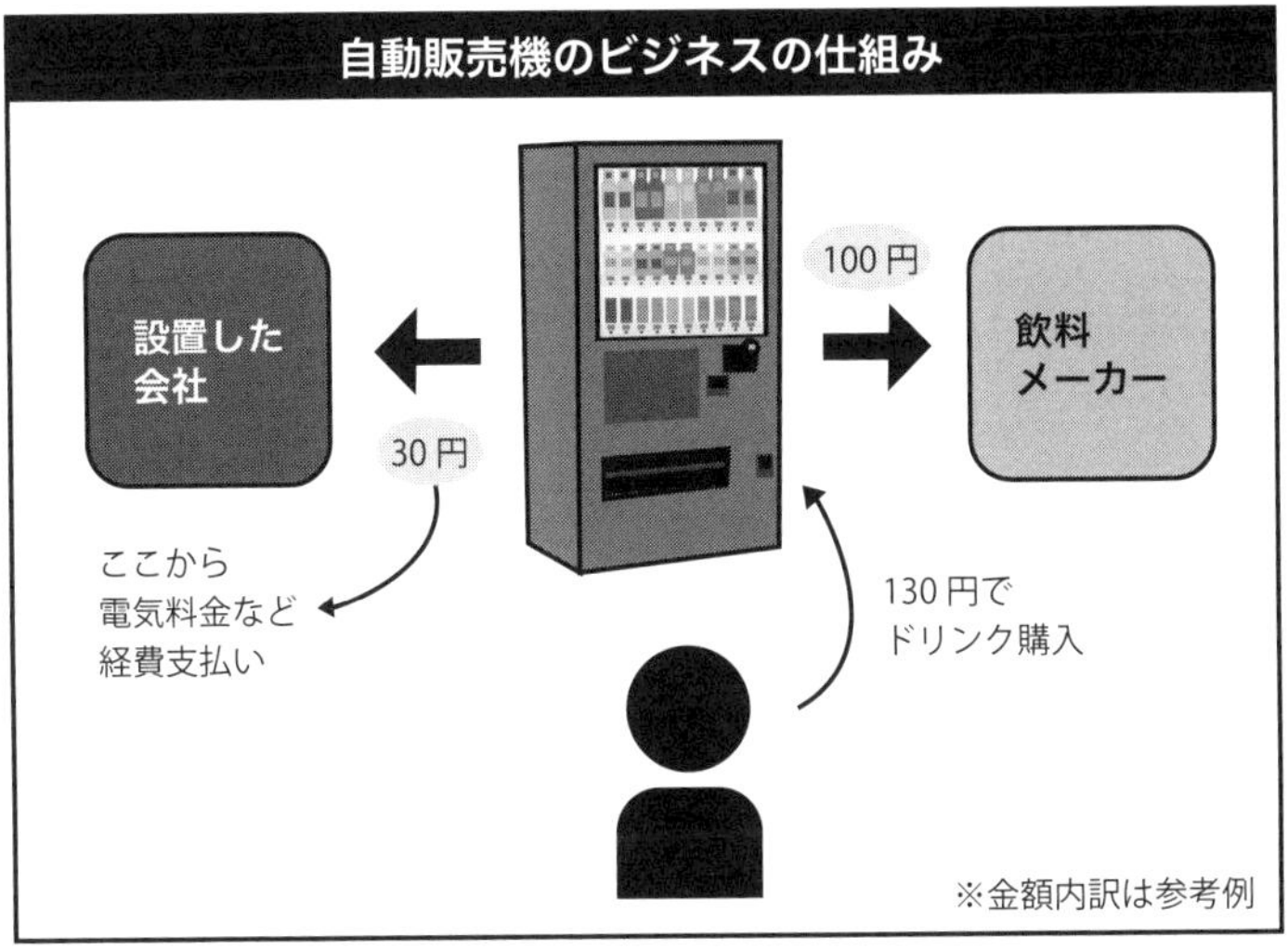

が、その昔は生命保険の販売員さんが会社に来てアメをくれたものです。私と同世代（40代）以上の方なら、こんな経験をしたことがあるかもしれません。

・法人にもメリットがあって、そこで働く個人にもメリットがある
・商品代金は、法人で働く個人の方がお支払いする

既に法人との取引がある方なら、一考の価値あり、ですね。

【⑤個人の先の法人（&個人事業主）向け】

現在、私が運営するYouTubeチャンネルには広告が差し込まれ、毎月Googleから広告料が支払われています。動画を見てくださる視聴者さん（個人）ではなく、YouTubeに広告を出稿した企業さんの広告費の一部が、この広告料収入となっています。

これが、個人の先の法人向けビジネスです。

もう少し詳しくご説明しましょう。

私のYouTubeチャンネルは、経営者の方向けの情報発信をメインで行っており、毎日

数百人、数千人という経営者の方が、私の動画を視聴してくださいます。

そこで、Googleを介して、経営者をターゲットとしている企業の広告が、私の動画に差し込まれます。その広告が表示再生されたら、広告主がGoogleに支払った広告料の一部が私に入ってきます。

つまり、私が集めた（集まってくださった）個人の視聴者さんの「束」が価値を持ち、その利用料を広告主が支払う、ということです。

この考え方、多くのビジネスで応用可能ですので、利用してみてください。

・スイーツが好きな人を集めたイベントや店舗経営をしている企業が、新商品を開発したメーカーのスポンサードを受け、自身の顧客に紹介する
・ブログやメルマガをコツコツ書き続け、その読者さん向けに広告を出し広告料を受けとる

最近は、インフルエンサー・マーケティングなどと呼ばれることが多いですが、趣味嗜好や属性が似た個人の顧客群は、そのターゲットを相手にビジネスしようとしている企業からすると、とても価値の高いものなのです。

狙わない手はありませんね。

第3章

ビジネスモデルの商品構成

～どう売るかより、何を売るか～

01

商品を作るのではなく「商品構成」を作る

新商品を考案したり、クライアントの商品を評価する際、私は必ず左図のマトリクスを使用します。①のマトリクスは「利益率」を、②のマトリクスは「生産性」を可視化するものとなっています。

①の指標「有形・無形」は読んで字のごとく、あなたが扱う商品が形あるもの（有形）か、サービスなどの形がないもの（無形）かということです。形がある商品は保管場所や仕入れが必要なことが多いため、利益率は低くなりがちです。

横軸の「単発・継続」は、1回売り切りの商品なのか、継続購入をいただける商品なのかを示します。当然、継続購入をいただける商品のほうが利益率は高くなるわけです。

また②のマトリクスの縦軸「労働集約度の高低」は、その商品を販売したりサービスを提供したりするにあたって、あなたの時間や労力をどこまで投入しなければならないか、という指標になります。

同じ「セミナー」という商品でも、リアルタイムで行うセミナーと、収録したセミナー動画を視聴していただくセミナーでは、労働集約度に違いが現れますよね。そして、当然労働集約度が低いほうが生産性は高くなるわけです。

マトリクスに配置した１~４までの数字は、１が最高・４が最低となっています。

さて、あなたが提供しようとしている商品やサービスは、このマトリクスのどこに位置していますか？　ぜひ、１エリアの商品を拡充していきましょう。

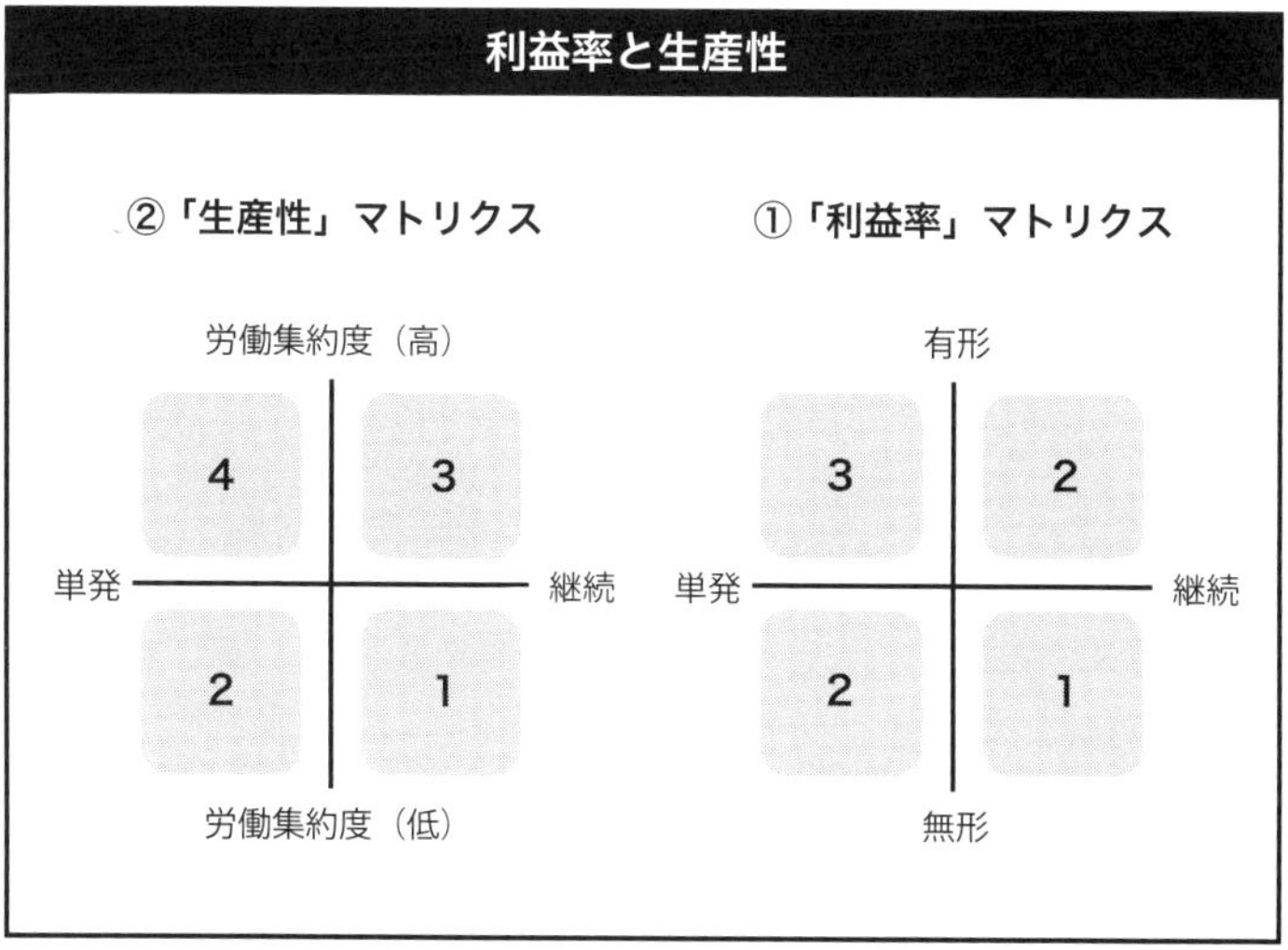

02

「予防」の商品か「対症」の商品か

突然ですが、あなたが今販売している商品は「予防」の商品でしょうか、それとも「対症」の商品でしょうか？

字が表すとおり、予防の商品というのは何かが起こらないための商品、要は、転ばぬ先の杖といったところでしょう。

一方、対症の商品というのは、現在起こっている問題を解決したり、お客様のニーズを満たす商品のことを言います。

もし、あなたの商品が「予防」に偏っている場合、要注意です。どんな業界でもそうなのですが、予防の商品というのは、実に売りづらい。

「まぁ、自分（自社）は大丈夫だろう」

社会心理学でよく言われるこのような「正常性バイアス」によって、人間は未来のリスクを過小評価してしまうため、「予防」の商品には興味を抱きにくいのです。

私が開催するセミナーでも「来たるべき人口減少時代を見据えた……」なんていう予防型タイトルにすると、参加者はガクンと減ってしまいます。ですからいつも、「脱！価格競争の新規開拓術」といったような対症型タイトルにしています。

しかし、です。予防の商品は必ず準備しておかなければなりません。というのも、**予防の商品が突然対症の商品に変わる瞬間が来る**からです。

身内の不幸があったのをキッカケに生命保険への加入を検討したり、従業員の退職が続いたのをキッカケに採用や組織のコンサルティング導入を検討したりなど、その瞬間は突然やってきます。

そこでオススメなのが、**予防と対症の両商品を準備しておくこと**です。まずは対症の商品でお客様と関係を構築し、そしてお客様に「その時」がやってきた時、予防の商品をご案内するという流れを作るのです。

この「対症→予防」というリピートの流れを意識して商品開発に取り組んでください。

03

4つの商品モデル

ビジネスでは、「どう売るか」よりも「何を売るか」が重要になります。

その「何を売るか」を考えた時、検討する材料として主だった4つの商品モデルをご紹介します。

【①モノを提供する】

一番わかりやすい商品構成が、この「モノを提供する」という形態です。手にとれる、目に見える「モノ」をお客様に提供していきます。

ただ、わかりやすい反面、大きなリスクが潜んでいるので、特に注意しなければなりません。

〈メリット〉

目に見えて、手で触れられる「モノ」は、商品の特性や効能などをストレートにお客様に伝えることができます。サンプルなどのお試しが簡単にできるのも、モノを販売する際の特徴です。

また、人はお金と引き換えにモノが手に入ると「取引の安心感」を感じるため、無形物よりも、はるかに成約率が上がります。

さらに、法人にも個人にも需要があり、店頭でもネット上でもセールス可能、単純に販売もできるほか、製造加工やレンタルなど、幅広い取引ができるのも特徴です。

〈デメリット〉

形あるモノですから、当然保管する場所や輸送コストがかかります。在庫を保有する場合は、販売（入金）より先に支払（仕入れ）が発生することが多いため、手元資金が枯渇する可能性が高くなります。

〈留意点〉

モノを扱う場合、最も気をつけなければならないのは、**「売れ始めた直後・大口受注時」**です。

私自身も法人向け消耗品販売をしていた頃、何度も黒字倒産の恐怖を味わいました。以降、初回のお客様は商品到着後1週間以内のお振込をお願いしたり、大口注文の場合は半金を先入金いただいたりして、支払の出金よりも売上の入金が早くなる方法をいくつも講じてきました。

とにかく、**「入金が先・支払が後」**に少しでも近づくよう、日々策を講じる必要があります。

【②役務を提供する】

役務《えきむ》というのは、簡単に言うと、サービスのことです。とらえ方はさまざまありますが、本書ではモノとしての商品販売ではなく、自身や設備による何らかのサービスを提供することを「役務を提供する」と呼ぶこととします。

私のメイン事業でもある「経営コンサルティング」や「研修・セミナー」というのは、

わかりやすい役務提供ビジネスですね。他には、飲食業や運送業、土木建築業なども「商品販売」ではないので、この役務ビジネスにあたります。

〈メリット〉

専門知識を得るための投資や、初期設備投資は必要になりますが、役務提供ビジネスは1販売単位あたりの単純利益が高い傾向にあります。

そして、基本的に在庫が不要であることが多いため、在庫リスクや保管場所などのコストが不要となり、身動きがとりやすいというのも特徴です。

〈デメリット〉

役務提供というのは、目に見えない「サービス」を販売するため、事前のお試しができないというのが、一番のデメリットです。

特に、コンサルティングやセミナー、著述などの設備不要のサービスについては実態が想像できないため、お客様にお買い上げいただくためのハードルがかなり高くなってしまいます。

つまり、お客様がイメージしやすくなるよう、店舗や設備を準備したり、マーケティングや販促の知識をつけたりする必要があるのです。

また、サービスは労働集約度が高い商品のため、売上の限界が決まってしまうことも、デメリットの一つです。

〈留意点〉

飲食店や運送業であれば設備によって、コンサルタントや講師なら稼働時間によって、売上の上限が決まってしまいます。

これが役務提供型ビジネスの特徴です。

規模拡大を行うには、さらなる設備投資や人材の補充などが必要になってしまいます。

自分のキャパの中でだけ、ビジネスをやっていこうという方向けのビジネスです。

【③コンテンツを販売する】

映像作品や教材など、アナログ・デジタル問わず「情報」の販売を行うことを本書では「コンテンツの販売」と称します。

今、手にとっていただいているこの書籍もいわば、「コンテンツ」販売の商品です。馴染み深い例で言うと、ミュージシャンがライブをするのが「役務」、ＣＤやライブＤＶＤを販売するのが「コンテンツ販売」ですね。その他には、「ソフトウェア」などもコンテンツに分類されます。

昨今は、通信インフラの発達により、パッケージ商品にせずとも、データをそのままダウンロード販売できる環境などが整備されてきましたので、ますます取り扱いやすい商品になってきました。

〈メリット〉

コンテンツ販売とは、基本的にデータ（情報）の販売のことを言います。ですから、一度マスターデータを作ってしまえば、後は複製が容易にできます。

たとえば、私もセミナー音源ファイルの販売をしていますが、最初のマスターデータを作ってしまえば、後は10本売れても１００本売れても、以降の商品製造コストはゼロと言っていいでしょう。

つまり、**初期の商品製造コストがペイできれば、後は作れば作るほど（売れれば売れる**

ほど）、粗利益100％の商品が売れていくということになります。

また、デジタルコンテンツの場合は、在庫リスクも保管コストもほぼ不要ですので、非常にリスクを抑えた商品とも言えます。

私個人的には、ひとり社長の皆様にはぜひチャレンジしていただきたい領域です。

〈デメリット〉

在庫リスクや保管コストがないとはいえ、「お金を払ってでも手に入れたい！」とお客様が思ってくれなければ、その商品が売れることはありません。

言ってしまうのは簡単ですが、これが実に難しいのです。

ネットを開けばどんな情報でも手に入る時代であるため、ただでさえ情報に価値を感じてもらいにくいのです。

情報を有料で販売するには、相当の試行錯誤が必要になると、覚悟しておきましょう。

なかなかうまくいかなくても、ぜひともめげずにチャレンジを続けてみてください。

〈留意点〉

デメリットの部分にも書きましたが、お客様が「お金を払ってでも得たい」と思ってくださる情報を見つけたり作ったりするには、相当努力しなければなりません。

後の章で詳しくご説明しますが、その情報が誰にとって「希少性」「実用性」を持つものなのか、これを徹底的に掘り下げる必要があります。


【④マッチングを提供する】


マッチング商品（ビジネス）は、簡単に言うと「売りたい」人と「買いたい」人をつなぎ、そこで行われる取引に応じて手数料をいただくというものです。

身近な例で言うならば、不動産の仲介や人材紹介などがこれにあたります。

店舗や設備、人材を活用してマッチングを行うオフラインのマッチングから、オンライン上でマッチングが完結してしまうようなものまで、実に多種多様な応用が効くのが、特徴です。

〈メリット〉

成約時の手数料が売上になりますので、在庫が不要。これが何と言ってもマッチング型ビジネス最大のメリットとなります。

そして、専門的な問い合わせ対応や納品、アフターフォローなどは専門事業者が行いますから、専門スキルやオペレーションコストをグッと削減できるのも魅力です。

また、あなたの得意分野がどんなにニッチ分野であっても、世の中にはマッチングを求める人がいるはずですから、現在お持ちの知識を活用しやすい分野でもあります。

〈デメリット〉

初回、「売りたい」人と「買いたい」人をおつなぎし、そこでいったんサービス提供は完了となります。その「売りたい」人と「買いたい」人の取引が満足のいくものであった場合、二度目以降の取引は、あなたを介さず行われることがほとんどです。

そのため、常に新規の「買いたい」お客様を集客し続けなければならない、ということを覚えておきましょう。

〈留意点〉

このビジネスは、**とにもかくにも「買いたい」人をどれだけ集められるか。**これに尽きます。「売りたい」という人や法人を募るのは比較的容易なのですが、「買いたい」という人を集めるのに頓挫してしまう方は、少なくありません。

それを回避するために、一度の取引額が多い（手数料が高い）ニッチジャンルに絞り込むなどの工夫が必要となります。そのためにも、あなたが詳しい分野でのマッチングに参入することをオススメします。

04

その商品が「次の売上につながる販促物」になっているか

私がよくお話しする顧客リピート理論の中に、「時系列のリピート」という概念があります。

この「時系列のリピート」とは、ある商品を買ったお客様が、次に必要になるものを継続して購入するというリピートのことです。私はよく、この流れをしっかりと作っておきましょうとお伝えしています。

たとえば、あなたが「動画制作」を商品にしているひとり社長だとします。とある企業から、人材採用のために開設したホームページ上で利用する企業ＰＶ（プロモーションビデオ）を受注し、制作後に納品しました。

さぁ、この後です。このクライアント企業はその次、何かを必要としないでしょうか？

・会社説明会で上映するための説明動画
・社長あいさつなどの動画
・社員となり入社した後に視聴するための研修動画

このように、同じ「動画制作」というカテゴリにおいても、次に必要となる商品というものが想定できます。

また、同じカテゴリでなくとも、最初に納品した動画の反応率を調べ、都度改善を施すサービスや、レポートにまとめるサービス、次年度からは自社で制作できるようにテンプレートを提供するサービスなどもありますよね。

さまざまな「次に必要となる商品」が見つかるはずです。

・これらを1本の線でつなぎ、複数の商品を待機させておき、頃合いを見計らってご提案する

この考えが非常に重要です。

現に私も、

セミナーで情報やノウハウをご提供
↓
スタッフ間で共有したい方向けに研修の実施や教材をご提供
↓
実行にあたり個別アドバイスが欲しいとのことでコンサルティングをご提供
↓
以降、都度アドバイスが欲しいとのことで顧問契約

こういった流れで、お取引が続いていくことが少なくありません。今ご提供する商品やサービスに満足されたお客様が、次に何を必要とされるのか。ここを想定した商品構成をしっかりと作っておきましょう。

第4章

ビジネスモデルのデリバリー

～利益を左右する「届ける」技法～

01

届ける方法は一本化したほうがいい?

第1章でデリバリーとは、

・配達や配送(有形物)

・配信(無形物)

・伝え方(情報伝達)

など、広い意味で解釈をしましょうという話をしました。

実際に、あなたのビジネスがどんなデリバリーができるのか、ここで考えてみましょう。

ちなみに、私が過去経営していた飲食店には、

・来店して飲食

・来店してテイクアウト
・配達
という3通りのデリバリーが存在しました。

この中で最も利益率が高いのが「来店してテイクアウト」、最も利益率が低いのが「来店して飲食」となりました。

意外に思われる方も多いと思いますが、実は**配達よりもご来店飲食のほうが利益率は低くなってしまう**のです。

というのも、ご来店飲食だと、ざっと次のようなコストがかかるのです。

・ご来店いただいたお客様を接客するスタッフの人件費
・場所にかかるコスト
・使用したお皿を洗うためのコスト
・店内設備のメンテナンスにかかるコストなど

このように、配達にかかるコストよりもご来店飲食のほうが、コストが高くなる傾向にあります。

また、別で経営していた法人向け小売ビジネスでは、
・注文の都度、自社配達
・ルート訪問でなくなった頃に補充
・注文取次の後メーカーから直送
というデリバリーが存在しました。

この中で、目先コストが最も低かったのが「注文取次の後メーカー直送」でしたが、他のものに比べて、このデリバリーを採用していたお客様の購買継続率は低くなってしまっていました。

要は、納品時のコミュニケーションがとれないため、新たなニーズ発掘や担当者変更などの情報収集、親近感の醸成ができなかったのです。

そこで、目先コストが上昇するものの、お客様とコミュニケーションが可能になる「注

文の都度、自社配達」に重点を置いたところ、それをカバーしてあまりある売上（利益）を得ることができました。

このように、同じ属性のお客様に対し、同じ商品をお届けしているにもかかわらず、デリバリー方法を替えることで、利益率や将来的な売上などに、さまざまな影響が出ることがわかります。

最終的には、自社に最も適したデリバリーに集約していく流れになっていきますが、それまでの間はさまざまなデリバリー形態を試し、実行してみることが大切です。

02

稼働日（時間）と売上が正比例しないデリバリーを作る

第1章でもお伝えしましたが、商品（モノ）の販売ビジネスで、売上とデリバリーコストが正比例するビジネスは、いずれ規模拡大に向かって行きます。

日に30個までなら自分一人で対応できるが、それ以上になると手が回らない

←

だからアルバイトを雇用しよう

←

頑張って日に50個販売できるまでに成長したが、倉庫が足りなくなったので広い場所に移転した

こんなふうになりがちです。

このケースの場合、売上とデリバリーコストが正比例するだけではなく、間接的なコストも含めると、１販売あたりのコストが増えてしまうタイミングがやってくる、ということが言えます。

また、一度増やした人件費やその他固定費は、簡単に削減することが難しいため、その後の経営に暗雲をもたらす可能性もあります。

そこで、ぜひ考えていただきたいのが、これです。

・売れば売るほど、１販売あたりのデリバリーコストが下がる方法

これを実現するためのキーワードは**「ついで」**と**「自動化」**。

私が経営していた法人向け小売業では、ある程度自社で顧客開拓をした後、さまざまな

メーカーさんの代理店資格を取得し、お客様を訪問した「ついで」としてさまざまな商品をご提案していきました。

取り扱う（販売する）商品は増えますが、訪問にかかるコストは同じですから、結果的に1販売あたりのデリバリーコストは安くなっていきます。

似たような例では、運送会社の「帰り便」。荷物を輸送した後、空箱のままトラックを拠点に戻さず、少々割り引いてでも帰りのトラックに荷物を積む、という手法です。

このように、「ついで」の発想を持つと、オフラインでのビジネスでは有効に働きます。

一方、オンラインのビジネスでは「自動化」が有効です。特に意識せずとも、オンラインでの商品デリバリーは、物理的コストが極端に安くなりますから、それだけでも問題はありません。

ただ、今は情報伝達から決済周りまで、自動化を実現できるツールがたくさんあるので、使わない手はありません。

たとえば、私はＢＡＳＥというサービスを利用することで、セミナー音源ファイルの販売がラクになりました。お客様の注文受け付けから確認メールの送付、決済からファイルのダウンロードＵＲＬ生成まで、全て自動でやってくれます。

私がやることは、商品であるファイルをアップロードすることと、最初に商品情報を入力することくらいしか、ありません。

また、ＣＡＭＰＦＩＲＥというプラットフォームを利用することで、オンラインサロンの運営の手間が省けました。入会してくださった方へのメール送信や、決済など全て自動化できます。

どちらもお客様一人あたりの手数料がかかりますが、お客様一人ひとりに個別で連絡をするコストを考えると、お客様が増えるごとに１取引あたりのコストは確実に安くなります。

このように、さまざまなサービスを利用して、オンラインでのビジネスはできる限り「自動化」を進めていきましょう。

03

商品提供と金銭授受のタイミングを設計する

代金をどのタイミングで頂戴するか。案外軽視されがちな部分ですが、実は非常に重要になります。

主だった代金収受タイミングは次の3つでしょうか。

・全額前入金
・一部前入金、納品（役務提供）後残金
・全額後入金

これに、一括・割賦（分割）といった支払い方法の要素が掛け合わされます。対面で商品を販売する店舗などは、主に商品受け渡し時入金となりますが、ここでは省略します。

もちろん、この中で一番オススメなのが**「全額前入金×一括」**です。

とはいえ、全ての取引にこの方法を採り入れるのは困難ですよね。ということで、複数の代金収受タイミングをしっかりと組み合わせ、資金ショートを防いでいくよう、仕組みを作っておきます。

私の場合は、次の通りです。

【全額前入金×一括】
セミナー・コンサルティング・講座

【一部前入金・残額分割】
講座（期間が半年以上のもの）

【一部前入金・納品（役務提供）後残金】

リサーチ業務・制作業務

【全額後入金】

講演料

このような設定をしています。

また、全額後入金の業務（講演業）についても、事前にクライアントと打ち合わせを行い、講演終了後2週間以内に振込入金という取り決めにしてあります。

脱サラをした方に多いのですが、何の疑いもなく、月末締め・翌月末支払いの後入金という契約にしてしまいがちなので、注意しましょう。

ぜひ、納品や役務提供から入金までの日数が1日でも短くなるよう、交渉してみてください。

交渉のポイントは、通るか通らないかよりも、まず「言ってみる」ことです。

ちなみに私は、この交渉が苦手なので、顧客対応をしてくださる外部スタッフさんにお願いしています。

どうしてもお金の交渉が苦手だったら、私のように専門家に相談してみるのも一つの手です。

04

主な4つのデリバリーモデルと留意点

世の中には、実にたくさんの種類の「デリバリー」モデルが存在しますが、ここではごく一般的なデリバリーモデルを4つご紹介し、その特性と留意点をお伝えいたします。

【① 1対1（アナログ）】

1対1（アナログ）のデリバリーとは、同時に複数のお客様の応対（デリバリー）ができない業態のことを指します。

私のメイン商品でもある「対面コンサルティング」は、この1対1（アナログ）デリバリーのど真ん中です。その他にもパーソナルトレーナーや、美容師さんなどの専門役務提供の商品を扱う方は、ここに当てはまることが多いかと思います。

このデリバリー手法でビジネスをする際、意識を向けるべきポイントは、**「商品の価格設定」**です。

たとえば、私の商品「コンサルティング」の場合、お客様を訪問するとなると、交通費のほか、行き帰りの移動時間もコストとなります。1時間のコンサルティングに前後合わせて3時間を要するということもザラです。

そこで、私が訪問する場合と、お客様に来所いただく場合では報酬額を変えています。単に、コンサルティング費用とかかる交通費の実費を請求するわけではなく、コンサルティングの単価そのものを変え、そこに交通費の実費を加えております。

いかがでしょう？

技術料や報酬額は同額で、訪問時は＋経費で済ませてしまっているケース、多くないでしょうか？

また、お客様が店舗や施設を経営しており「どうしても最初は現場を見てもらいたい」というご要望をいただいた場合は、初回のみご訪問（訪問料金）＋以降は来所いただく料金でご契約したりなど、柔軟に対応しています。

ともあれ、1対1のアナログデリバリーは、最も1取引あたりのデリバリーコスト（率）が高くなりますので、しっかりと利益が確保できるよう、留意する必要があります。

ただ、デメリットばかりではありません。お客様と1対1での対面コミュニケーションが図れれば、お客様のニーズやウィッシュをしっかり掘り出すことができるわけです。そのため、商品開発のための「お客様の声や反応」を最も濃く抽出できるという大きなメリットもあります。詳しくは第7章でお伝えします。

高くついてしまうデリバリーコストを、お客様の声やご要望発掘という商品開発で、しっかりカバーできるようにしておくといいですね。

【② 1対1（オンライン）】

電子ファイルなどの販売・納品にとどまらず、コンサルティングや各種レッスンのオンライン提供など、ネット環境を活用したデリバリー形態が最近特に増えてきました。

先の「稼働日と売上が正比例しないデリバリーを作る」でも触れたとおり、この形態においで最も注力すべきは**「自動化」**です。

この自動化について、「電子ファイルなどの販売・納品」と「コンサルティングやレッスンなどの役務提供」に分けて考えてみます。

〈電子ファイルなどの販売・納品〉

商品の販売からデリバリー完了まで、いかに手をかけず（作業を伴わず）完了させるか、ここに心血を注いでください。

たとえば、私が販売している音声コンテンツ（セミナー音源ファイル）については、ＢＡＳＥというプラットフォームをフル活用し、半自動化のデリバリーを実現しています。

クレジットカード決済のお客様は、ＢＡＳＥで完結。あらかじめＢＡＳＥ側にアップロードしてある音源ファイルをダウンロードするＵＲＬの発行や管理（72時間で無効化など）、お客様への諸連絡メールなどは、全て自動でできるようになっています。

この他の商品に関しても、ペライチというプラットフォーム（販売ページ制作・決済・自動メール返信・定期決済・顧客管理が備わったサービス）をフル活用して、ほとんど手間がかからないデリバリーができ上がっているのです。


〈コンサルティングやレッスンなどの役務提供〉

役務提供中の「役務そのもの」を自動化することは困難ですから、その前後のフォローをいかに自動化するか、が肝になります。

たとえば、日程を調整する際、メッセンジャーなどを使って「いつがいいですか？」「えっと、〇月〇日を希望します」「あー、その日はちょっと……」「じゃあ……」なんてやる時間がもったいない。


そこで私はbiskettというアプリを使用しています。

Googleカレンダーと連携することができ、自分の空きスケジュールの中から相手に好きな時間を選んでいただくことができます。それが自動で自身のGoogleカレンダーにも反映されるというスグレモノです。

また、Zoomを使ってコンサルティングを実施した場合は、実施中の模様をボタン一つで録画できますので、議事録代わりに、終了後その動画ファイルを視聴できるＵＲＬを希望されるクライアントにお渡しししています。議事録の清書や、次回までの課題整理などの時間を大幅にカットできますね。

このように、**役務提供の前後をいかに自動化できるかが高収益化の鍵**です。

【③ 1対多（アナログ）】

このデリバリーモデルでは、1対1が集まって結果的に1対多になるモデルと、もともと1対多構造のモデル、この2種類を押さえておきましょう。

〈1対1の集合体〉

通信販売の発送（デリバリー）などがこれにあたります。お客様一人ひとりの発送を1日の業務という単位で見た場合、一度にたくさんの人への発送（アナログデリバリー）をすることになります。
また、広義では、飲食店などのお店型ビジネスもここに入るかと思います。

この場合の留意点は、**「あらゆるデリバリー方法を用意する」**ことです。
たとえば、通常の配送に加え、店頭で販売したり、何か特典をつけて予約後にとりに来ていただいたりなど、さまざまな手法を用意しておきます。

こうやって、配送コスト（費用＋労働力）を分散、抑制していくことが重要です。

〈構造上の1対多〉
会議室を借りてのセミナーや、ライブハウスでのライブ、音源の即売会など、1箇所に大勢の人が集まった時に行う役務やサービス、商品を提供するパターンがこれに該当します。

このデリバリー構造は「人が一気に集まる」ことを避けられないため、その仕事がどれだけ準備され、整理されているかが大切です。

この中で最も重要な箇所が、「金銭授受」。お金のやりとりは時間や神経を使いますので、前もって済ませておくのがベターです。

たとえば、商品の即売会なら、事前にお申込みとお支払いを済ませていただき、当日は事前にお渡しした整理券に従ってスムーズに商品をお渡しする、というような仕組みを作っておきます。


【④１対多（オンライン）】


オンラインセミナーやコンテンツ配信、アプリの提供などがこれにあたります。

この１対多（オンライン）で留意すべきは、できるだけ小分けでのデリバリーを心がけることです。言い換えるならば、**少額を長く頂戴する仕組みを作りましょう、**ということです。

今、ソフトウェア業界を見ると「サブスクリプションモデル」での提供が主流になってきています。

昔は、1本数万円で販売していたソフトウェアが、今は月額数千円で利用できるのです。

このような仕組みにはどのようなメリットがあるか、おわかりでしょうか?

たとえば、私が運営しているオンラインサロンを例にしましょう。

このオンラインサロンは月額3000円を会費として頂戴しております。年間契約3万6000円ではなく、月額3000円と設定しました。


このようなデリバリー構造と価格帯にすると、「始めやすくてやめやすい」という利点があります。

毎月、新しくご入会くださる方もいらっしゃれば、退会される方もいらっしゃいます。その中で重要なのは、退会された方の退会理由です。


ここに、商品やサービスを改善するヒントがぎゅっと詰まっています。このヒントを糧にどんどん自分のサービスをブラッシュアップしていけば、どんどんそのビジネスは拡大していくことでしょう。

「まとめて1回数万円！」よりも、毎月数千円。

こういうイメージで小分けデリバリーを行うことが売上を安定させ、自らの商品やサービスを急ピッチで進化させる原動力となります。

第5章

ビジネスモデルの利益構造

～構造と値決めでビジネスは決まる～

01

値決めの考え方とは？

かの名経営者、稲盛和夫氏が著書やフィロソフィの中でこうおっしゃっていました。

「値決めは経営である」

私も100％同意します。経営の中で最も重要で、そして最も難しいのが「値決め」であることに間違いないと、私も確信しております。

値決めの考え方、それはズバリ「売り手も買い手も満足いく価格」に設定する、ということに尽きるのではないでしょうか？

暗雲が立ち込めているような日本のデフレ傾向により、どの業界にも値下げ圧力がかかり続けています。

そのような状況下で安易に値下げをしてしまうと「買い手はハッピーだけれども、売り手がしんどい」という笑えない事態になってしまいます。既にそうなってしまっている方も少なくないかもしれません。

これから商品の値決めをする方、今の価格を下げたい衝動に駆られている方に、私の経験から一つアドバイスを差し上げるなら、ズバリこれです。

・価格によって変わるのは客数よりも客層だ

価格を下げたいという衝動の奥には「客数を増やしたい」という狙いが隠されていることが多いかと思います。その衝動に負けて値下げをしたらどうなるか？

実際にあった私のクライアントの例でお話ししましょう。

H氏はご自身で作ったアクセサリーを販売していました。石や装飾にもこだわり、セミオーダーでその人オリジナルのアクセサリーを製作していたため、起業当初の商品平均価格は6万円前後。この状態でも何とかビジネスとして成立していたのですが、客数を増やして売上を伸ばそうと思いはじめました。

そこで、セミオーダーではなく、あらかじめ製作していた2万円前後の商品を主力に変えてみたのです。


どうなったと思います？

それまでは、セミオーダーですから、「納品まで数か月待ってでも手に入れたい」というH氏のデザインを気に入ったお客様がメインでした。

しかし、価格帯を変更した途端に、「値ごろ感」を重視するお客様が多数を占める事態に陥ってしまったのです。

その結果、今まで一度も経験したことのなかった返品が増え始め、納期や値引きのお問い合わせ対応に日々追われるようになりました。

たしかに客数は増えましたが、利益は下降線をたどっていきました。

急いで価格帯を戻したので、ことなきを得ましたが、これが「値下げ」の意味するところです。

この事例からもわかるように、同じ商品を売っていたとしても、「値決め」によってお客様の層は変わってくるのです。

いくら「値ごろ感」を重視するお客様をうまく対応し、満足してもらえたとしても、このお客様が６万円前後のオリジナルアクセサリーをお買い求めることはまずありません。

つまり**「値決め」とは、あなたがどんなお客様と取引をしたいのか、**という意思表明そのものなのです。

02

ひとり社長は「値上げ」一択

あなたはひとり社長で、現在1万円の商品を販売しているとします。その商品は月に100個売れます。

つまり、売上は月に100万円ということですね。

では、売上を1・5倍に増やしたいと思った場合、次の二つ農地どちらのほうが得策だと思いますか？

①　1万円の商品を150個売る方法を考える

②　1万5000円の商品を100個売る方法を考える

大規模な物流網や圧倒的商品数で勝負できる大企業ではなく、ひとり社長の価格設定はズバリ「値上げ一択」で勝負するしかありません。

したがって、答えは②です。もっと言うと、２万円の商品を75個売りましょう、ということです。

これは極端なお話ですが、実際に私もこのようなやり方で、徐々に商品やサービスの値上げをしてきました。

12年前にコンサルティング業を始めた当時と、今のスポットコンサルティング料金を比較すると、実に８倍です。

前著『ひとり社長の稼ぎ方・仕事のやり方』にも書きましたが、最初は自信のなさもあって、スポットコンサルティングは１時間１万円でお請けしていました。

次第にお客様が増えて時間が足りなくなったので、倍の２万円に値上げ。それでもお客様が減らず、時間の確保ができなかったので、すぐに３倍の３万円に変えました。

ここで変化が現れます。

前項でお伝えしたように、お客様の層が変わったのです。それまでは個人事業主を中心とした、年商数百万円から2000万円くらいまでの方が主なお客様でした。

3倍の3万円に変えてから、店舗を数店経営されている方や年商1億円前後の企業からのお申込みが多数を占めるようになってきたのです。

そして初めてお客様から「安すぎない？」と言われたのです。あの時の衝撃は忘れもしません。

こんなことを繰り返しながら、12年で単価が8倍になりました。コンサルティング業務を始めた当初とはまったく違う規模のお客様と、ありがたくお取引させていただいております。

単に商品の値段を上げるという意味で「値上げ一択」と言っているのではありません。

つまり、**自分の商品やサービス、自分自身を成長させることを忘れず、お付き合いしていただけるお客様のレベルを上げていきましょう、**ということなのです。

次に、利益構造（利益モデル）それぞれの考え方や留意点を8つのモデルに分類してご紹介します。

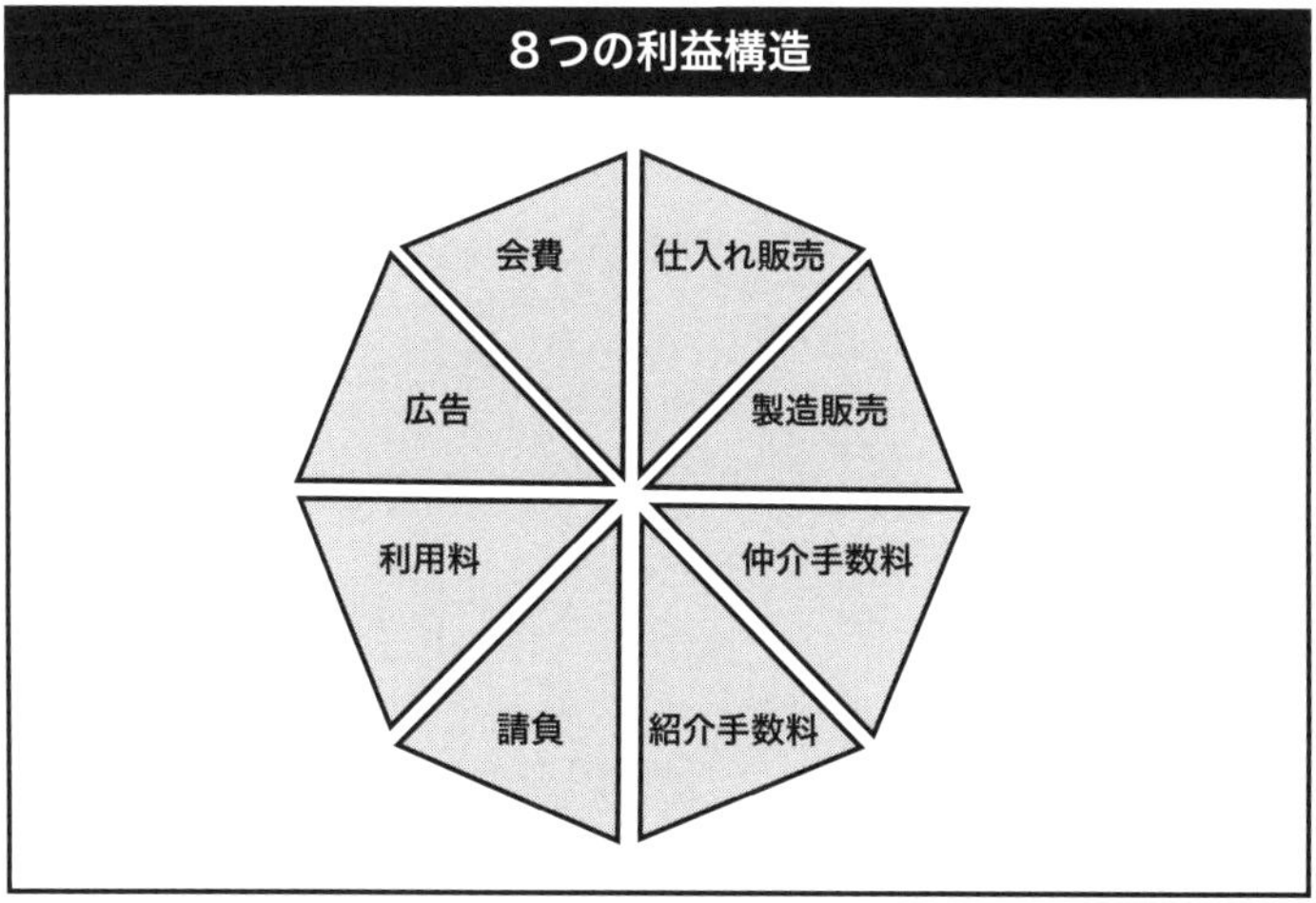

03 仕入れ販売

何かを仕入れて販売するということは、当然ながら仕入原価が発生します。その当たり前の原理原則を踏まえ、仕入れ販売モデルの利益構造において重要なポイントは次の二つです。

①値決め
②仕入れ原価の支払いタイミング

【①値決め】

仕入れの原価が目に見えるため、粗利が赤字になる値決めをする人は皆無だと思いますが、これが実は厄介。

「粗利ベースで赤字じゃないから値下げしても大丈夫。その分、数を売ればいいだけだ」なんて具合に、値下げ圧力に負けてしまう人が多いのです。しかも、値札の数字を書き換えれば終わりですから、値下げは手軽にできてしまいます。

３００円で仕入れて１０００円で販売している商品を、月に１０００個売っているとします。

販売価格１０００円×１０００個＝１００万円から、仕入れ３００円×１０００個＝30万円を引いた、月の粗利益は70万円ですね。

これを、まぁ粗利が出るから大丈夫だろうと「３割引です！」なんてセールをやっちゃうと、どうなると思いますか？

同じだけ粗利益を獲得するには１７５０個販売する必要があります。

さて、その商品は３割引にして、１・７５倍売れる商品でしょうか？

また、販売個数が１・７５倍になった場合、デリバリーコストはどうなるでしょうか？

安易な割引は、あなたの首を締めます。しっかり計算をして、値決めしましょう。

【②仕入原価の支払いタイミング】

仕入原価を軽く見た結果、黒字倒産の憂き目にあう企業が後を絶ちません。

起業当初はまだ信用がないため、仕入れの先払いを要求されることがあります。仕入先も販売先も同じ条件「月末締めの翌月末支払い」であったとしても、先に仕入れが必要な場合はお客様からの入金前に仕入先への支払いが生じます。

このように、**仕入れ販売は先にお金が出ていくケースが多い**のです。

3割引にすると……

	価格	仕入れ	個数	粗利益
	1000円	300円	1000個	70万円
3割引				
	700円	300円	1000個	40万円

(700円 ×1000個)－(300円 ×1000個)＝40万円

粗利益70万円になる時の個数を x とすると、

$700x - 300x = 70$ 万円

$400x = 70$ 万円

$x = 1750$ 個

そのため、取引先に証拠金を入れて初回から掛売りにしてもらう交渉をしたり、極力在庫を持たなくてもいい仕組みを講じるなど、なるべく先に出るお金を減らしていく努力を怠ってはいけません。

また、商品によっては多少粗利率が下がっても、仕入れ販売から在庫不要の販売代理に構造を変えるのも一つの手です。

04

製造販売

ハンドメイドの商品や、デジタルコンテンツを自ら製作&販売するなどの「製造販売」のメリットは、何と言っても**「相場価格があるようでない」**ことです。つまり、**自分で価格を設定することができる、**これに尽きるのではないでしょうか?

コンサルタントが製作販売するセミナーや教材も、パン屋さんが作るパンも、安く売ろうが高く売ろうが、それは作った人間の自由です。

だからこそ、この「製造販売」は特に、値決めが命です。私達ひとり社長（特にオフラインビジネス）は「たくさん売るためのリソース」が不足していることが多いため、「数を売ることとありきの価格設定」は、絶対にやっちゃダメなのです。

「自分が作った商品と類似する商品をネットで調べて、その価格帯に合わせに行こう」なんて考えて、価格設定をするのは絶対にやめましょう。
もちろん、市場価格がいくらくらいなのかを調べてはいけない、ということではありません。
考えるべきは、市場価格ではなく自身の商品がもたらす「価値」です。どのくらいの価値があるかをつかみ、価格設定をしようということです。

たとえば、私はセミナー音源ファイル（デジタルファイル）を販売しております。これは、受講料１万５千円のセミナー（オフライン）を録音したファイルなのですが、売価はいくらだと思いますか？

５０００円？
９８００円？

いいえ、違います。こちらの音源ファイルは３万円で販売しています。

「リアルのセミナーが1万5000円で、ファイルが3万円？ 高くないですか？」

こう思われた方、要注意ですよ。

リアルなセミナーは、ノウハウとともに「場の空気（ライブ感）」をご提供できるのが最大の価値です。

その反面、主催者（私）が設定した時間に、お客様はわざわざお越しいただく必要があります。当然、移動の交通費もかかりますし、受講できるのはほんの一瞬だけしかありません。

一方、セミナー音源ファイルの価値は何でしょうか？

「好きな時に・好きな場所で・何度でも聞くことが可能」なところです。その「価値」の分、リアルのセミナー受講料よりも高く設定しているのです。

ちなみに、毎回セミナーを実施するたびに、この音源ファイルをリリースしておりますが、セミナーへの直接参加が数十人、音源ファイルをお買い求めくださる方は数百人いらっしゃいます。

このように、あなたが製造する商品の「価値」を正しく把握し、値付けをすることが求められるのが「製造販売」なのです。

05

仲介手数料

オンライン・オフライン問わず、不動産や中古車、人材や業務請負など、実にさまざまな商品やサービスを仲介する人や会社が存在します。この仲介によって手数料を得るモデルのメリットは、**原価不要で高粗利益率、**これに尽きます。

また、第3章でもお伝えしましたが、実際の商品やサービスの提供は「売り手」が行いますので手離れがよく、リソースに限りあるひとり社長にとっては非常に魅力的な形態のビジネスです。

しかしながら、常に「買い手」を集め続ける必要がありますから、しっかりビジネスを成立させるためには、次の2点を検討してみることをオススメします。

【①両手】

仲介において「売り手」と「買い手」の両方から手数料をいただくことを略して両手と言います。不動産業界でよく使われる用語です。

まず、両手を狙っていくには、民法１０８条で禁止されている「双方代理」（同一の法律行為について当事者双方の代理人になることはできない）に抵触しないよう、留意しなければなりません。

そこさえ気をつけて、「売り手」と「買い手」両方の利益となる仲介になれば、双方から仲介手数料をいただくことは可能です。

たとえば、私が以前経営していた古紙回収の会社を例にあげましょう。

・機密書類の破棄をしますということで大量の書類をお預かりし、手数料をいただく

←

・その紙を（当然厳重に管理しながら）再生紙製造メーカーさんに融解処理と証明書の発行をお願いする

↓

・その後、その融解した紙は再生紙の原料となりますので、メーカーさんから材料費としてお代を頂戴する

こんな流れでした。

つまり、書類を廃棄したい企業さんと、原材料を仕入れたい製紙メーカーさん両方から代金を頂戴する「両手」が成立していたというわけです。

まぁ、厳密にはこの取引は「仲介」ではありませんが、「売り手」と「買い手」双方にメリットがあれば、両者から手数料を頂戴することは十分に可能です。自らのビジネスに当てはめてじっくり考えてみてください。

仲介手数料のビジネスモデル

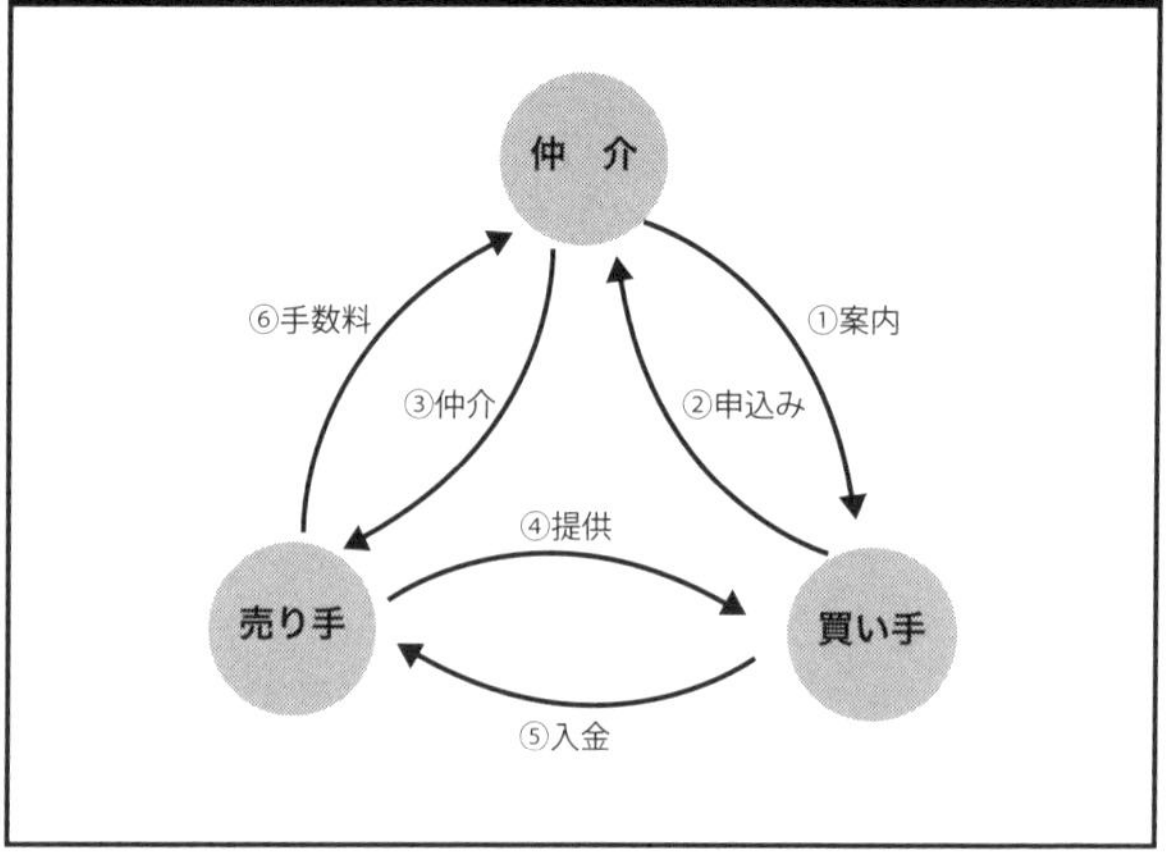

【②継続】

近年よく見かける「サブスクリプション」モデルのように、「買い手」が「売り手」のサービスを利用し続ける期間、継続的に手数料が発生するモデルも一考の価値ありです。

私が勤務していた携帯電話端末の販売企業では、端末販売時に一時販売手数料、その後はその端末の利用料に対し、数パーセントのコミッションが支払われていました。これも広い意味での「継続的な仲介手数料」と言えます。

このように、自身が仲介した商品やサービスが利用され続ける限り、利用料の一部を継続手数料として頂戴できる利益モデルも十分に成立します。

06

紹介手数料

「紹介手数料」モデルは、前項の「仲介手数料」と似ているようで微妙に違います。

仲介というのは、売り手・買い手ともにニーズが顕在化しており、その間をとり持つというイメージです。

それに対し、この紹介手数料というのは、まだ買い手のニーズがない場所に売り手の商品やサービスを案内し、成約報酬として手数料を受けとる、というイメージです。「営業代行料」と言ってもいいかもしれませんね。

あなたに営業力があったり、既存取引先がたくさんあるのなら、このモデルが最大限活かせることでしょう。

第2章の「個人の先の法人向けビジネス」の項目でも書きましたが、「売り手が欲する層の顧客を持っている」だけでそれは大変な価値になります。

また、オンラインにおいても、俗に言うインフルエンサー、つまりアクセスが集まるブログを持っていたり、視聴者が多い YouTube チャンネルを持っていたりすれば、比較的容易にこの紹介手数料を得ることができるはずです。

つまり、既に自身と取引のあるお客様群があってこそ、このビジネスモデルでは利益を上げやすくなる、そんなビジネスモデルだということです。誤解を恐れずに申し上げると、既存の人間関係から売上を発生させるモデルとも言えます。

ただ、そのお客様群（オンラインであればアクセス数や視聴者数）を作るには、結構な時間がかかります。

このお客様群を持たない方は、この紹介手数料型のビジネスに新規参入する前に、別のモデルでしっかり利益を作りながら、このお客様群を育てていき、その後この分野に参入することを強くオススメします。

07 請負

「請負は、当事者の一方がある仕事を完成することを約し、相手方がその仕事の結果に対してその報酬を支払うことを約することによって、その効力を生ずる（民法632条）」とあるとおり、請け負った側が仕事や成果物の〈完成の対価〉として料金を受けとるのが「請負型ビジネス」です。

労働や一部役務提供の対価として報酬を受けとる「派遣」や「委託」とは違い、あくまであらかじめ定めた「成果（結果）」に対して、報酬が支払われるのが請負業務の特徴です。ホームページの制作や、ライター、配達員など、現在フリーランスとして活動されている方の多くが、この「請負」にあたるのではないでしょうか？

先に書いたとおり請負というのは、成果・完成形に対して報酬が支払われます（成果報酬型）。つまり、完成までの過程や方法、使うツールや働く場所などについては、全てこちらの裁量に委ねられることになるわけです。

ということは、利益を最大化するために押さえておきたいのは、これから紹介する３つになります。

【① 契約内容を見直す】

私のまわりにも、この請負型ビジネスに取り組んでいる方がたくさんいらっしゃいます。しかし、契約内容に無頓着な方が多いのにビックリです。私がホームページ制作の事業をしていた頃は、成果物の提供はもちろん、この契約内容を詰める作業にとても力を入れていました。

具体的に、契約内容のどこが重要かというと、ズバリお金の流れと責任の所在です。お金の流れというのは、あらかじめ先入金としていくらかのお支払いをいただき、納品後に残額をいただくこと。これをしっかりと先方が納得するよう説明し、契約内容に盛り込むということです。この取り決めのあるなしで資金繰りが大きく変わります。全て完成して納品してから一括で代金を頂戴することだけが、お金の流れではありません。

また、責任の所在とは、考えられるトラブルを全て想定して、相互納得の上取り決めを行う、ということです。

たとえば、前出のホームページ制作でいうのならば、デザインを確定させるまでのプロセスや出し直し回数の制限、デザインが決定した後の修正は可能かどうか、原稿や画像素材はどちらが用意するのか、などです。

事前に取り決めをしておかないと、何度も何度もデザインのやり直しをするうちにすっかり赤字になってしまう、というようなことが起こります。

これら二つを勘案し、私は最初にデザインの提案料をいただき、初めてデザインに着手します。デザインというのは好き嫌いがありますので、どうしても規定回数で決定しなかった場合、お取引はそこで終了です。

もし、デザインにＯＫが出たら先に進み、着手金として数割を頂戴し、完成後に残額を頂戴するという契約にしていました。この契約で制作請負をするようになって以来、赤字の案件はゼロになりました。

その他、契約書には必ず契約金額と支払い期日、支払い方法、納品期限、検収についての取り決め、費用負担の取り決め、成果物の知的財産権についての取り決め、秘密保持についての取り決め、損害賠償についての取り決め、契約解除の取り決めなどを盛り込んでいます。

この考え方はホームページ制作作業以外でも、十分活用できるはずです。

【②見積もりを正確にする】

その作業に、どれくらいの時間がかかるのか？
その過程で使うツールや材料はどれくらいか？
過程の労働力ではなく、成果に対して報酬が支払われる請負の場合、この見積もりの正確性が非常に重要です。
そこで見積もりの精度を上げるために、私がやっていることは次の二つです。
一つが「記録をしっかりつける」こと、もう一つが「価格の根拠を明確にする」ことです。

まず一つめ。見積もりの精度を向上させるためには「過去の記録」が必要不可欠になります。前著『ひとり社長の稼ぎ方・仕事のやり方』でも述べましたが、セルフコントロールのツールとして私は、Ｍｙ日報という日報を（誰に提出するわけでもありませんが）日々記しています。

この（過去の）記録を見れば、この制作物を仕上げるにはどれくらいの時間がかかり、どんなツールや材料が必要になったのか、ということが一目瞭然です。

また、全ての仕事に想定外はつきものです。その想定外の出来事もしっかり記しておくことにより、以降、別の案件でお客様に提案する際、その「想定外」があることをしっかりと伝えることができ、その分を含んだ見積もりを出すことも可能になります。

二つめ。見積もりの根拠を明確にすることですが、これが実に難しい。原価や人件費などの積み上げで見積もりを出すこともできますし、成果物がもたらす相手のメリットから割り出すこともできます。

このように、さまざまな手法で見積もりを出すことができるのです。

ここで、私が採り入れている方法は「もし、これを発注元が自身で手掛けた場合どれくらいかかるか」を算出し、そこに手数料率をかける、という手法です。

私が最近始めた「動画撮影&編集」という請負業務があります。

この業務の見積もりは、「もし、発注元が機材を揃えて自身でシナリオを作り、撮影と編集をしたら、これくらいの時間がかかるだろうな」という想定をし、撮影と編集にかかる時間から相手のおおよその人件費を割り出し、コストを算出します。その費用に、手数料率をかけるのです。

この動画制作の場合、発注元は機材をお持ちではない、または自社で撮影や編集が（スキル的に）難しいことが多いため、付加価値率を少々高めに設定しています。

このように、過去の経験で原価の部分をしっかり見積もり、発注元が「スキル的にできないから発注する」のか、「スキル的にできるけれどもリソースがないから発注する」のかを見極めた上で手数料を加えて、正確なお見積もりとしています。

【③生産性を上げる】

請負型のお仕事をする上で、何と言っても重要なのがこれです。何度も繰り返して申し訳ありませんが、「成果物（結果）」に対して報酬や代金が支払われるのですから、極端な話、1分で完了しても1年がかりで完了しても、対価に変わりはありません。

ということで、いかに生産性を高められるか、これを真剣に考える必要があります。

私のクライアントに「会議や研修で使用する資料やテキストを制作する」お仕事をされている方がいます。お仕事の流れは、要件をインタビューし、文章や図画を作成、それを1冊のテキストにまとめて納品するというものです。

このクライアントがすごいのは、とにかく日々「生産性を高める」ことに注力されており、生産性を高めるツールやノウハウへの投資を惜しみなく行っているところです。たとえば、インタビューは事前資料を準備してオンラインで実施（移動時間や交通費を削減）したり、文章を書く際はまずレコーダーに音声を吹き込んで、自動文字起こしソフトで作文しています。作図に関してはスキルを高めるためスクールに通い、高性能のツールを導入するといった具合です。

「今までこうやってきたから、使い慣れたツールだから」と言って、その場にとどまることはありません。どんどん新しい技術やツールを採り入れ、とにかく自身の生産性向上にこだわり続けていらっしゃいます。

このように、請負型のビジネスをする場合は、常に自身のバージョンアップを図り、生産性を高め続けるという気概が必要です。

08

利用料

「所有ではなく、利用の対価として料金をいただく」

こう書くと、何とも当たり前の利益構造ですが、この利用料というモデルも実に奥が深い。カラオケボックスやシェアオフィスのような、設備を設けてその利用料をいただく「装置型」や、ソフトウェアや著作権（本や音楽）を定額で利用できる「サブスクリプション型」など、世の中にはたくさんの利用料ビジネスが存在します。

今回はこの中でも、最近多くの方が導入を検討している「サブスクリプション型」の利用料モデルについて留意点をお伝えしましょう。

本当に多くの業種で導入が検討されているサブスクリプションですが、一つ気をつけていただきたいことがあります。

それは、この**サブスクリプション型のビジネスは「利用料」を頂戴するモデルだ**ということです。購入すると数万円のソフトを月額数千円で利用できるとか、購入すると数百万円する自動車が月額数万円で利用できるといったイメージです。

そう、あくまで利用料だと考えてください。

ここで確認しますが、私のコンサルティングを月額５万円で利用できる契約は、ただの月額契約にすぎません。月額1万円でうちの料理が「食べ放題！」、これもただの定額制飲食モデルです。いずれもサブスクリプションモデルではないことがわかりますか？

・買ったり所有すると高額だけど、利用している間だけの料金を支払えばいい
・不要になればそこで契約解除すればいい
・ソフトウェアなど、途中バージョンアップしても常に最新のものを利用できる

お客様からすれば、「お得感」がある利用料のことをサブスクリプション型と言います。

さぁ、あなたが考えているサブスクリプション型ビジネスは、お客様が「得した」と感じる利用料モデルになっていますか？

09

広告料

自身の所有物や、自身が運営するメディアに広告を掲載し、広告料として利益を得る収益モデルがこれにあたります。

ただ、「クリックされればいくら」「購入に至ったらいくら」というアフィリエイトとして報酬が支払われる収益モデルは、「紹介手数料」モデルだと確認してください。広告料モデルではありません。

この広告料モデルというのは、成果に対して支払われるのではなく、表示されることに対して支払われる対価で収益を得るものです。つまり、**多くの人の目に留まる「何か」を持つ人のみがこの収益モデルを実行できる**のです。

「じゃあ自分には無理だなぁ。アクセス数があるブログを運営しているワケでもないしなぁ……」

こうあきらめるのはちょっと早い。あなたがネット上のインフルエンサーでなくても、この広告料モデルに参入できる可能性はあります。

要は、「多くの人の目に留まる何か」を持っていたり、その「何か」にアクセスできれば広告料収入を得ることができます。

私の友人の例で言うと、彼は自分の自家用車に地元企業のロゴをプリントしたシールを貼り、その企業から広告費をいただいています。そして、そのまた友人にもこの広告を斡旋し、一時期、その企業の広告ステッカーを貼った車がその地域で10台くらいになっていたそうです。

このように「多くの人の目に留まる何か」を持っていたり、知っていたりする人には、広告料収入を得るチャンスがあるわけです。

10

会費

その名の通り、何かの「会」への対価を頂戴する利益構造です。町内会や自治会などの非営利な「会」は当然別ですが、オンラインサロンなどのコミュニティや勉強会など、あなたの周りにもいろいろな「会」がありますよね。

会費という定期的な収入は、経営を安定させる重要な要素となりますので、非常にオススメの収益モデルです。このモデルでの利益を作り続けるための留意点は**「横のつながり」を大事にすること**です。

たとえば、私が運営しているオンラインサロンは、立上げ当初はまったくうまくいきませんでした。せっかく入会者してくださる方がいても、すぐに退会されてしまうのです。

試行錯誤した結果、その原因がわかりました。

最初、私は「サロンのメンバーさんと私」という「縦のつながり」ばかりを重視していました。「私からコンテンツを提供する、私から情報提供する、私が……」といった具合に、私が積極的に働きかけることしか、選択肢がなかったのです。

結果、私に飽きた（？）人がどんどん退会してしまいました。対策を立てなければ、さらに退会者が増えていくでしょう。


そこで、サロンのメンバーさん同士の交流をどんどん作るようにしました。オンライン飲み会をやったり、リアルな懇親会をやった結果、メンバーさん同士での交流ができ、新たなビジネスが生まれるようになりました。


すると、不思議なことに、退会率がグッと下がったのです。

つまり「会」というのは、主宰者と会員さんの「縦のつながり」だけではなく、会員さん同士の「横のつながり」をいかに強化するか、これがミソだということです。

第6章

高収益モデルを作り上げる「3つ」の掛け合わせ

01

3つの掛け合わせ

これまで、ビジネスモデルの要素を細かくご説明してきましたが、ここからが本番です。この要素達をどうやって組み合わせていくかで、そのビジネスの収益モデルができ上がっていきます。

この章でお伝えするのは「利益構造の掛け合わせ」について、です。第5章でお伝えした利益構造ですが、これを掛け合わせることによって、ビジネスの収益性がグンと上昇します。

そして、高収益モデルのビジネスを作るには、最低3つの利益構造を掛け合わせてくださいと私はいつもお話ししています。

ここではその「３つの掛け合わせ」事例をご紹介してまいります。

ぜひこの事例を参考にしていただき、あなたのビジネスも利益構造を３つ以上掛け合わせるようにしてみてください。

02

広告×会費×製造販売

・代表的なもの：（YouTube ×オンラインサロン×セミナー）

私が２０１９年1月から始めたモデルです。
経営者向けの YouTube チャンネルを開設し、コツコツと動画をアップし続けてきた結果、チャンネル登録者数が２５００名に（２０２０年3月現在）なりました。ここから上がる直接的な収益は「Google からの広告料収入」となりますが、ここがゴールではありません。

あくまでこれは手段であり、動画の概要欄にて紹介している次のものに流れていただくのが本当の目的です。

・オンラインサロン入会（有料商品）
・セミナー参加（有料商品）
・日刊メールマガジン登録（購読無料）

ここで、私が目先必死でやるのは「より視聴していただけるYouTube動画を作る」ということだけです。それが達成できれば、広告料収入も増えますし、母数が増えることによってオンラインサロンやセミナー、その他ビジネスへの波及効果がどんどん現れてきます。

イメージとしては、YouTubeで視聴される動画を作るというのが、最初の歯車。この歯車をせっせと回し続けて、そこにつながる全てのビジネスがぐるぐると回り始める、という感じです。

また、ここで登録していただいた無料メールマガジンでも、セミナーやオンラインサロンの告知を時々させていただきますので、数週間から数か月メールマガジンを購読してくださった（信用に値すると感じてくださった）方からお申込みをいただいております。

03

請負×製造販売×仲介手数料

・代表的なもの：（専門職請負×講座×お仕事斡旋）

Kさんは、雑誌の取材記事や、企業が運営するＷｅｂサイトでコラムを執筆するライター業を営んでいました。

しかし、Kさんのほかにフリーランスのライターが増えてきたため、競争は激化し、原稿料もデフレ傾向に……。そんな時、ご相談に来られたKさんに、このモデルをご提案しました。

まず、Kさん自らが原稿仕事を請け負います（請負収益）。

その後、これまでKさんが培ってきたお仕事獲得の方法や文章の書き方などを教えるスクールを立ち上げました。

「フリーライターとして働きたい！」という方が世の中に増えてきたので、このスクールは盛況（製造販売）です。

さらに、そのスクールの卒業生にお仕事を斡旋して、マッチングの手数料を頂戴する（仲介）という流れが完成しました。

ここで、Kさんがやってきた事業の流れを、多くの方が使いやすいように整理してまとめると、次の通りになります。

最初に取り組んだ請負ビジネスを頑張って軌道に乗せる

↓

それを体系化してコンテンツとして提供する

↓

コンテンツを会得した方にお仕事を斡旋して手数料を頂戴する

そして、同様の形態を私も採り入れています。

全国に講演の講師として赴き、講演料を頂戴する（請負）

←

その経験を体系化し、講師として活躍したい方向けのスクールを立ち上げる（製造販売）

←

卒業生にお仕事を紹介して手数料を頂戴する（仲介）

このビジネスモデルは、ＢｔｏＢのみならず、どんな業界でも立ち上げ可能です。

たとえば、プロの料理人が自らの経験を活かして料理教室を開催し、その卒業生の方に料理教室の先生をお任せする（ＢｔｏＣ）というように。

しかし、これだけは忘れないでください。

請負（その他ビジネス）で経験と実績を積み、それをコンテンツとして販売するところまでは多くの方がやっています。

ただ、それはあなたが動き続けなければならない労働集約型ビジネスにすぎません。

一番重要なのはその次。

門下生や卒業生へのお仕事斡旋で少しばかり手数料をいただき続ける仕組みを作る。こ
の部分であることを忘れないでください。

04

製造販売×請負×会費

代表的なもの：（作品販売×役務提供×会員サービス）

イラストや書、工芸品やアクセサリーなど、何かを創作して販売している方には、このモデルがオススメです。

多くの方は、作ったものを販売して売上を立てるところで終わってしまっています。1対1の単発取引で終わってしまうため、非常にもったいないのです。

そこで、創作した作品を販売するとともに、その能力を使ったお仕事の請負を行います。たとえば、イラストを描いて販売しているのであれば、Ｗｅｂ制作会社のイラスト制作を引き受けるなどの請負を組み入れましょう。

逆も然り。Ｗｅｂ制作会社のイラスト制作を請け負っているなら、独自のイラスト作品を製造販売形式で販売しましょう。

いずれにせよ、製造販売した作品があなたの営業ツールとなり、あなたの代わりに営業してくれるわけですから、請負ではない独自商品の創作（制作）と販売は必須です。

こうやって、あなたの作品（制作物）のファンを増やした後は、ぜひ会員制ビジネスを立ち上げてみましょう。会員になればあなたの作品が使い放題、というサービスをつけるのです。

私のクライアントで「ニュースレターの雛形」を制作して販売していた方が、企業のニュースレター制作を請け負い、その後、「会員になれば毎月新作が出るニュースレターの雛形を使い放題」というサービスを展開された例があります。

ものづくりや創作が得意な方、ぜひチャレンジしてみてください。

05

利用料×会費×請負

代表的なもの：（ソフトウェア利用料×サポート×カスタマイズ）

第5章でご紹介した「利用料」モデル。今、ソフトウェアは「買う」から「使う」時代に移ってきています。私の周りでも自作のソフトウェアを「利用料モデル」で販売している人が増えてきました。

そんな中、**しっかりと利益を増やし続けている人は、その利用料を入り口として次なる利益を得る仕組みをしっかり作っています。**

たとえば、そのソフトウェア利用を申し込んだ方に、効果的な使い方やトラブルシューティングの知識を共有できるサポート&ファンコミュニティ（有料）に入会してもらい、そこでも利益を得られるようにしています。

こうすると、そのソフトウェアを利用してもらえる期間が長くなるだけでなく、「自社に合わせてカスタマイズしてほしい」という依頼が舞い込んできやすくなるのです。

このケースでは、入り口がソフトウェア利用料でしたが、このモデルは他業界においても広く活用できます。

商品やサービスを使っていただいた方のサポートを目的としたコミュニティを運営し、上級者向けのカスタマイズ版をご提供する。この流れで組み立てられないか、一度考えてみてください。

06 製造販売×請負×利用料

代表的なもの：（セミナー×制作請負×機材レンタル）

こちらも2019年より、私が開始したビジネスの収益モデルです。

2019年からYouTubeへの動画投稿を本格的に開始しました。秋ごろにはGoogleからの広告料収入の他、コンサルティングや講演会のお問い合わせを頂戴できるツールへと進化させることに成功しています。

それから私は、自らの実体験を体系（ノウハウ）化し、経営者向けにYouTube活用のセミナーを開催したところ、1日4万8000円のセミナーにたくさんの経営者がご参加くださいました。

そこでは、動画を使う目的や有用性という理論の解説から、機材の説明、撮影方法のレクチャー、編集方法からアップ、拡散の手法まで全てのノウハウをお伝えします。参加者の皆さんはあとはやるだけの状態でお帰りいただきました。

その後、複数の経営者様より「最初の数本を作りながら教えてほしい」と動画制作のオーダーをいただくことになり、私の機材一式を持って撮影に伺いました。私が撮影して私が編集し、その動画を納品しました。

さらに、そのうち何名かの方は私の会社までお越しいただき、私が所有する機材を使い、動画の撮影をご自身でされています。

ちょっと手順をまとめてみます。

「やり方」というノウハウを有償で提供する

↓

ご自身でやるのが面倒だという方向けに請負業務として発注いただく

←

そろそろ自分でできそうだけれども、設備や機材を買うのは……という方向けに利用料を頂戴して機材などをご利用いただく

単純ではありますが、非常に汎用性のあるモデルです。

第7章

ビジネスモデルを発展させる営業戦略

01

お客様と利益が「増え続ける」仕組みを構築する

リソースに限りがあるため、ひとり社長のビジネスは、**「広く浅くよりも狭く深く」**が鉄則です。

とはいえ、新規のお客様を開拓し続けなければ、お客様の数は減る一方。

しかも、特定のお客様と「狭く深く」お付き合いをしながら、同時に他の新規のお客様を開拓するのは、容易ではありません。

既存のお客様のフォローに力を入れると、どうしても新規開拓が疎かになりがちです。「新規開拓に走り回っているうちに、既存のお客様とのお取引が途切れてしまった」なんて経験をされたことがある方、多いんじゃないでしょうか?

そこで、考えるべきは「仕組み」を作って上手にそれを回し続けようということ。人の力ではなく「仕組み」で回すのです。

その仕組みを構築するためには、売上（利益）の方程式を今一度おさらいしておく必要があります。

売上というのは、**客数×客単価**ですね。

加えて、ビジネスの利益率を高めていくためには、**客数×客単価×購買頻度、**つまりお客様にいかにリピートしていただくか、これを加えて考えます。

というわけで、ここからは新規開拓（客数）、顧客満足度と単価アップ（客単価）、リピート促進（購買頻度）の各要素を順にご紹介してまいります。

02

新規開拓の仕組み作り「4ステップ」

新規開拓の仕組みを作る上で欠かせないのが、お客様があなたのことを認知してから、実際に商品を購入するまでのプロセスです。このプロセスに沿った「仕組み」を準備することで、新規開拓が仕組み化できるというわけです。

そのプロセスは、次の4ステップに分類することができます。

①認知→②納得→③想起→④自己投影

それぞれのステップを分解し、仕組み化（定型業務化）していくことで、場当たり的なコストを最小化することが重要です。

【①認知】

まずは、商品やサービスそのものや、それを提供しているあなたがこの世に存在しているということを認知してもらう必要があります。当たり前の話ですが、知らないものは買えません。

限られたリソースでビジネスを行うひとり社長にとって、多額の予算を投じて広告を打つことは現実的ではありません。したがって、ここで重要になるのは「情報発信」を通じて、より多くの人の目に留まる努力をしていくということです。

そのためにやるべきこと。それは、ありとあらゆるメディアを駆使して情報発信を行うことです。

世の中にはさまざまなインターネットツールや、アナログツールがあります。自身のお客様になるであろう人が接触しているツール「全て」に情報発信をするくらいの気概を持ってください。広告費をかけずに認知を得るためには、その努力が必要なのです。

「文章書くのが苦手だから……」「話すの苦手だし……」「動画って面倒くさそうだから……」なんて言っている場合じゃありません。とにかく、「全てやる！」くらいのつもりで情報発信に取り組んでみてください。

私は、集客に苦戦している商店主さんやセミナー講師の方にいつもこう伝えています。
「商品を10個売りたいなら（セミナーに10人集客したいなら）一つのメディアで10個売るんじゃなくて、10個のメディアで一つずつ売るイメージを持ってください」

SNSであろうが、ポスティングのチラシであろうが、動画であろうが、伝達の手法が違えど、伝える内容の骨子は同じはずですから、単純に10メディアで情報発信＝10倍の労力にはなりません。

伝える骨子を作ったら、とにかく手を変え品を変え、あらゆるメディアに自身の情報を発信し続ける必要があるのです。

ちなみに、私がコンサルタントとして独立して以後実践してきた（認知目的の）情報発信は、次のとおりです。

・オフィシャルサイト（文字＋画像）
・ブログ（文字＋画像）
・メールマガジン（文字）
・Twitter（文字）
・Facebook（文字＋画像）
・ポッドキャスト（音声）
・YouTube（動画）

その他、セミナーなど告知サービスを提供している企業での情報発信（こくちーずプロなど）もしています。

ゆくゆくは、最も効率のいいメディアに集約していけばいいと思いますが、その前に（そのメディアを発見するためにも）、あらゆるメディアを使うという考え方を持ってください。

先にも述べましたが「知らないものは買えない」のです。

【②納得】

あなたが扱う商品やサービス、そしてあなた自身のことを認知した瞬間、お客様がすぐに「買う（欲しい）」という感情になることは極めて稀です。あなたも、見ず知らずの人からすぐに商品を買おうとは思わないはずです。

では、どうすれば納得（買おうという検討を）してもらえるのでしょうか？

答えは簡単、**「見ず知らず」でなくなればいい**のです。

あなたにも経験があると思います。ＳＮＳを何気なく眺めていたら「あれ？この人、前にも見たな」「あ、またこの人同じこと言ってるな」というような感覚。これが「見ず知らず」から脱却する最初の方法であり、そのために一貫性を持って情報発信をし続けるのです。

つまり、この一貫性のある継続した情報発信がもたらすのが「納得」というわけです。

２０１２年頃、私は講演会のオファーを頂戴するためだけに、日々情報発信を続けていました。ＳＮＳでも、ブログでも、メールマガジンでも、ポッドキャストでも、オフィシャルサイトでも、発信する情報は全て「○○県○○市で講演会に登壇した（する）」というものでした。この情報発信をひたすら1年中行ったのです。

すると、2度3度、私の発した情報に接してくださった方々は、「あ、コイツ講演会でいつもウロウロしてるな」という感覚を持ってくださるようになります。これがある種の「納得」という感情なのだと、とらえておきましょう。

もちろん、ホームページなどで詳細なプロフィールや実績の一覧を公表し、理解を促す形での「納得」をしてもらうことも可能です。

しかし、それよりも「同じことを繰り返し発信し続けている」姿勢から生み出される信頼感から納得いただくことが大切なのです。

【③ 想起】

見込みのお客様が何気なくあなたの発する情報に触れ（認知）、一貫性のある情報発信を幾度となく見かけ（納得）たからといって、すぐに購買につながるというわけではありません。お客様にも買うタイミングがあるのです。

「へぇ、この会社（人）ってこんなこと、やってるんだ。また機会があったら詳しく見てみようっと」という感じで日常に戻っていってしまいます。

ということは、お客様が「欲しい」と思った瞬間、あなたのことを思い出してもらう。この仕組みや仕掛けが必要となるわけです。

「いざ！」という時に思い出してもらう方法でオススメするのは、次の二つ。

⑴接触頻度を高める

意識的、無意識問わず、単純接触を繰り返した情報というのは、何となく覚えているものです。

あなたも経験ないでしょうか？

「SNSで、何となくいつも見かける人の名前をいつの間にか覚えてしまっていた」

「いつも流れている音楽を知らないうちに覚えて口ずさんでいた」

などということ。まさにこれを狙うのです。そのためにも、前項「納得」で書いたとおり、一貫性のある情報を発信し続けることが重要です。

また、アナログ媒体においても同じことが言えます。

たとえば、チラシのポスティングをするとします。

ありがちなのが、チラシのデザインやコピー、商品写真にとてつもない労力を注いでみたものの、イマイチな結果に終わってしまう惨事。

そのチラシを見た瞬間「コレだ！　コレを探していたんだ！　すぐに買いに行かなきゃ！」と思った商品以外は、「ま、後でいいか」という感情に流されてしまうので、即時購買や来店につながりません。

ということで、チラシの役目の大部分は、継続的な配布により刷り込みを行い、いざという時に思い出してもらう。コレなのです。

⑵強烈に印象づける

いざという時に思い出してもらうために、やはり強烈な印象（記憶）を残しておく必要があります。

では、強烈に印象に残るコトやモノ、文章や画像ってどんなものだと思いますか？

人が強烈に覚えている情報にはいくつか種類があるのですが、そのうちの一つは**「ギャップ」**という情報です。

・ビジュアルで表現する時は「こう見えて、実は〇〇」というようなギャップ
・文章で表現する時には「〇〇なんですが、実は△△なんです」というギャップ

このギャップという情報を、とにかく人はよく覚えています。あなたが今伝えている情報にギャップをつけることができないか。一度考えてみてください。

これは極端な例ですが、実は私、去年までずっと金髪でした。国や地方自治体、上場企業などのお手伝いをさせていただくコンサルタントと言えば、どんなイメージですか？ビシッとスーツを着こなして、清潔感いっぱい。颯爽とお仕事をこなすイメージの人が多いんじゃないでしょうか？

それを、金髪でスーツも着ずにリュック背負ってブラブラと。これが私のギャップ戦略だったのです。頭皮ダメージの影響で金髪はやめちゃいましたが（笑）。

【④自己投影】

前著『ひとり社長の稼ぎ方・仕事のやり方』にも書かせていただきましたが、**お客様が買わない理由の第一位が、その商品に「自己投影」できないから**なのです。

要は、お客様自身がその商品を買うイメージができないので、一瞬躊躇してしまうということです。決断を後回しにしているうちに「やっぱり今買わなくてもいいか」というあきらめの言い訳を自分の頭に生じさせ、買うに至らないという悲しい結果に終わります。

それを防止することが、商品をお買い上げいただく（新規の取引をしていただく）第一の方策です。

そのためにやるべきこと。それは、「買い方」と「使い方」を事細かに事前説明することです。

「買い方」「使い方」を伝えるためには、お客様の声をフル活用するといいでしょう。実際に買う前にどう思っていたか、買う瞬間どんな気持ちだったか、買ってみてどうだったか。このお客様の声ほど、見込みのお客様が自己投影できる情報はありません。

ですから、お買い上げいただいたお客様の「声」を効率的に取得するための仕組みは必須です。

ちなみに私は、コンサルティングやセミナー終了後すぐ、ご利用いただいた方に半自動的にアンケートのメールが届くよう、仕組みを作り上げました。

アンケートの内容は商品によってさまざまになりますが、重要なのは「すぐ」という部分です。商品やサービスを利用していただいた直後、すぐに答えていただくための仕組みづくりが重要です。

・商品を買っていただいたら、領収書と一緒にアンケート用紙をお渡しする
・コンサルティングが終了したらすぐにアンケートのメールをお送りする

このように、提供とアンケート依頼の間を極力短くする努力を欠かさず行なっていきましょう。時間が経てば経つほど、アンケートに書かれる内容の熱量が下がりますし、アンケートの回収率そのものも悪くなってしまいます。

最後にこの新規開拓①から④のおさらいをしておくと、

・考えられる全てのツールを使って一貫性のある情報発信をし続ける
↓セールスではなく情報発信が仕事だ！　くらいの意気込みで
・情報発信をとにかく続けることにより信頼と納得を勝ち得る
↓飾った文章や写真よりも「継続」している姿が信頼を生む
・接触頻度とギャップ情報で思い出してもらえる仕掛け
↓思い出せない商品は買えない。思い出せないお店には行けない
・お客様の声をフル活用して「自己投影」しやすい情報を出し続ける
↓お客様が買わない理由は「要らない」ではなく「わからない」

ここに留意して新規開拓の「仕組み」を作っていきましょう。

03 客単価UPの仕組み作り

客数×客単価×購買頻度の一つ、客単価アップを実現するには、次の二つのパターンが考えられます。

【① 単価そのものを上げる】

1個100円で売っている商品の売価を110円に値上げするという、この単純な手法が「単価そのものを上げる」ことになります。この至ってシンプルな値上げができない人が非常に多いのです。

気持ちはわかります。私のクライアントもほとんどの方が「値上げをしたらお客様が離れてしまうのではないか」という恐怖感に駆られてしまうからです。この恐怖で値上げができずにいる人に、私はいつも「簡単ですよ。値札を書き換えればいいだけですから」と伝えるようにしています。

まぁ、これはちょっと乱暴な言い方ですので、少し補足しておきます。**その商品やサービスの価格について、「これでもか！」というほど、根拠の説明をしてください。**その説明を面倒くさがって中途半端に伝えた結果、「高い」という感想を持たれてしまうのです。

お客様というのは、その商品やサービスの価格根拠がわからないものです。もっと言うなら、人間というものは相対評価（他との比較）でしか、価値の判断ができません。

つまり、価格の根拠説明をサボってしまうと、お客様は他で扱っている類似サービスと比較することでしか価値判断ができないのです。あなたが5年がかりで作り上げた商品と、大手が工場で大量生産している類似商品を比べ「高い」と思ってしまうのです。

ですから、徹底的に価格の根拠を説明しましょう。その際は「人は相対評価でしか判断できない」という特性をフルに活かします。たとえば、こんな感じです。

「この原料は〇〇のものと比べて△％の強度を持っており、製造に関しては□□のものと比較すると実に3倍。使用いただける期間も◇◇の商品と比べて約2倍になっています」

このような説明を心がけてください。できれば、ビジュアルで理解しやすいような説明資料や掲示物を作っておく、といいと思います。

他と比較して優位だということが伝われば、単価が上がっても納得してくれるものなのです。

【② 一度の買上げ点数を増やす】

客単価とは、そのお客様の取引1回あたりの単価のことを言います。そのため、買い上げ点数を増やすというのも、実に有効な手段です。

ここで必要になるのが「クロスセル」という考え方です。よくたとえで出されるのが、お客様がハンバーガーを買ったら「ポテトもいかがですか?」というアレです。

このクロスセルを考える時、ついでの品として「何を売るか」が重要になります。ハンバーガーのついでにポテトだから売れるのであって、ハンバーガーを注文した時に「もう一つハンバーガーどうですか?」と声がけしてもなかなか売れないでしょう。あくまで「ついでの品」という認識の商品だから売れるのです。

これを押さえておかないと、テレビを買ったお客様に「一緒にホームシアターセットもどうですか?」なんていうクロスセルをしてしまいます。

もちろん、テレビを買ったお客様に次はホームシアターセットですね」と提案する作戦自体が間違っているわけではありません。

ただこれは買い上げ点数を増やすクロスセルというよりも、次項でご紹介する時系列のリピートというリピート促進の方法ですので、ここでは割愛しますね。

「ついで」を見つけるために重要な着目ポイントはたくさんありますが、まずは次の３点で考えてみることをオススメします。

・消耗品型（プリンターとインクなど）
・補完型（スマホとスマホケースなど）
・メンテナンス型（アクセサリーと1年保障など）

04

リピート促進の仕組み作り〜3パターンのリピート構造〜

新規開拓と既存のお客様が再購入（来店）くださるコストを比較すると、5：1とも10：1とも言われているほど、新規開拓にはコストがかかります。

ちなみに私が過去経営していた飲食店では16：1、これまた私が経営していたオフィス向け消耗品販売事業では31：1という数字になりました。ネットの発達によって、既存のお客様に対するアプローチ（連絡）コストが限りなくゼロに近づいているのが、この要因と言えます。

そんな中、ビジネスを安定的に成長させるには「顧客リピート」の仕組みをしっかりと作っておくことが重要なのは、言うまでもありません。ここで覚えておいていただきたいのは「リピート」には種類が3つあるということです。

【①同経験のリピート】

同経験のリピートとは「同じ商品を同じ目的のために」買うリピートのことを言います。自宅の居間に置くテレビを購入したお客様が、再び居間に置くテレビを購入する。お気に入りのラーメン屋さんでラーメンを食べたお客様が、再びそのラーメン店を訪れて同じラーメンを食べる、というイメージです。

多くの方が「リピート（リピーター）」と聞いてイメージするのが、この同経験のリピートではないでしょうか？

そして「リピーターを増やすぞ！」と意気込んで、増やそうとするのも、このリピーターであることが多い気がします。

しかし、要注意です。この同経験のリピートを維持し、増加させるのは非常に難しい面があります。

というのも、人間は本能的に「損をしたくない」という感情で意思決定（損失回避思考）をするため、この感情が同経験のリピートを阻害することが多々あるからです。

つまり、こういうことです。

私ごとで恐縮ですが、私、甘いものが大好きです（笑）。

ある日、デパ地下で買ったケーキを食べたところ、大満足。「いやぁ、美味しいなぁ」と感動するほどの味でした。

後日、また甘いものを食べようとそのデパ地下に行き、別のお店でケーキを購入しました。

なぜ、別のお店で買ったかわかりますか？

「この前買ったケーキも美味しかったけれど、もっと美味しいケーキが他にあるかもしれない。ちょっと試してみよう」

こんな損失回避思考が働いてしまうからです。

ですから「リピート促進の仕組みを作る」際、この同経験のリピートを作ろうとすると、思うような結果が出ないことが多々あります。では、どうやって同経験のリピートを作るのか。これは後にご説明します。

【② 異経験のリピート】

異経験のリピートとは「同じ商品を違う目的のために」買うリピートのことを言います。

前項の「テレビ」で言うなら、自宅の居間用のテレビを購入し、非常に気に入ったお客様が、同様のテレビを子供の引越し祝いにプレゼントしたり、モニターとして使いやすそうなので勤務先にも1台導入したといった感じでしょうか（少々無理がありますが）？

このように、商品は同じものだけれども異なる目的のために買われる機会、探してみると案外見つかるものです。私はいつも次の二つの切り口で考えるようにしています。

⑴自己・贈答

自分用に買っていただいたモノ、使っていただいたサービスを今度は「贈答用」にパッケージできないかを考えます（逆も然り）。

自己消費のための商品はコストを抑える傾向にありますが、贈答品となると同じ商品（サービス）でも単価が上がる傾向にあるのです。

贈答品といっても「モノ」だけにこだわらず、サービスの「チケット」というようにも考えていけば、どの分野においても応用が効くはずです。

(2)個人・法人

個人消費用の商品を法人向けにパッケージできないかを考えます（逆も然り）。

これはひとり社長の例ではありませんが、お菓子メーカー江崎グリコさんの子会社が展開する「オフィスグリコ」で考えてみると、わかりやすいかもしれません。

私のクライアントの例で言えば、個人の方を対象にしたお料理教室の先生が、法人（飲食店経営）向けにメニューやレシピの開発というサービスを提供し始めたところ、個人相手の料理教室の数倍の単価でお仕事を請けることができています。これは、お料理教室に来ていただいていた方がたまたまこの会社のスタッフさんだったことがキッカケでした。

そのほか、探せば、「オンライン・オフライン」「地方・都会」「男性・女性」など、まだまだ切り口はあるかと思います。

重要なのは、**「こんな使い方はいかがでしょう？」としっかり提案をし、気づいていただくということ**です。この一手間でリピート（低コストでの売上）が実現できるわけですから、ぜひ抜け目なく取り組んでみてください。

【③時系列のリピート】

「Ａという商品を購入後、Ｂという別商品が必要になった」というリピートが、この時系列のリピートです。

先のテレビの例で言うなら、「居間用のテレビを買ったら映像が素晴らしく美しい。どうせなら、素晴らしい映像とともに素晴らしい音で映画を楽しみたい！」と考え、ホームシアターセットをお買い上げくださった、というようなリピートを指します。

ということは、この「時系列のリピート」を作るために考えることはただ一つ。自身の商品やサービスをお買い上げいただいたお客様は「次に何をするか」。次に何が必要かではなく、次に何をするかというアクションを想定することです。

そして、そのアクションにまつわる商品やサービスを新たに創出し、ご提供します。こう書いてしまうと簡単なように感じるのですが、多くの方が自分の中に「業種の見えざる壁」を作ってしまい、このリピートをうまく作ることができていません。

たとえば、以前お手伝いさせていただいたパン屋さん。それまではポイントカードなどによる「同経験のリピート」作りに一所懸命取り組んでおりました。

しかし、前項でご説明したとおり、お客様はアチコチのパンを試したくなるもので、なかなか顧客の固定化に成功できずにいました。

そこで、時系列のリピートを増加させるため「パンを買った後のアクション」を考えたところ、出てきたのは「買ったパンを食べる」(笑)。まぁ、当然といえば当然です。

「『買ったパンを食べる』に関連した商品やサービスを考えましょう！」とアドバイスしたところ、ドリンクの販売などのアイディアが出てきたのですが、まだ弱い。

そこで私が「紅茶教室とかどうでしょう？」と聞くと、店主は怪訝な顔。まるで「ウチはパン屋です。美味しいパンを作って販売するのが仕事。紅茶教室なんて……」と言いたげでした。

これが、業種の見えざる壁。心理的な障壁なのです。ここさえ乗り切ることができれば、あなたのビジネスはもう1歩前進します。

ちなみにこのパン屋さん、その後、メーカーさんを招いて紅茶の入れ方教室を開催したところ、常連さんで満員。２０００円の会費で月に30名のお客様がお越しになりました。これで売上（ほぼ利益）が６万円です。

そしてこの心理障壁（業種の見えざる壁）を超えられた店主さんは、その後も高級茶葉の販売や、紅茶グッズの販売、アフタヌーンティー教室の開催などの手を次々と打ち、時系列のリピート獲得に成功し、店舗の売上は約４倍になりました。

さぁ、あなたはどうでしょう？「ウチは○○屋だから」という無意識の心理障壁で、時系列の顧客リピートによる売上利益増を逃していませんか？

また、この時系列のリピートは最低でも3ステップ、可能であれば5ステップ作ってみてください。先のパン屋さんはこういう5ステップを踏みました。

パン→紅茶教室→紅茶→アフタヌーンティー教室→アフタヌーンティーグッズ販売

さらに、それだけにはとどまりません。

パン→パン教室→粉や材料販売→オーブンなど機材販売（外部パートナーとタッグ）→料理教室

など、いくつかの時系列5ステップを作り、実行に移されました。

結果、どうなるか？

大元の「パン」の同経験リピートが増えるのです。要は、パンをお買い上げくださったお客様が紅茶教室に通い、家で楽しむための紅茶をお買い上げくださる。そのお店に行けば、パンも紅茶も手に入るし、接触頻度が増える。するとお店に親しみも湧く。だから、パンを買う時も紅茶を買う時もそのお店になる可能性が高まるということです。

お客様がなぜ、あなたの商品やサービスにリピートするか、ご存じですか？

品質や人柄などもあるでしょうが、それは全て後付けの理由。一番の理由は「面倒くさいから」なのです。

他を調べたり、いろいろ試すのが面倒だから、あのお店でいいや。あの商品でいいや。という心理、これがリピートの大原則なのです。

つまり、**お客様に「他をあたるのが面倒だ」という心理になっていただくこと**が、リピート作りの根幹となるのです。

そのために何をすべきかというと、時系列のリピート促進を行い、一人のお客様と深く多く（次から次へと）お付き合いをすることなのです。

さぁ、あなたのお客様は、あなたの商品やサービスを買った後、どんなアクションを起こされますか？

その際にあったら嬉しいもの、便利なサービス、何かありませんか？

５つ先まで考えてみましょう。

05

リピート戦略→新規開拓→客単価向上の順で構築する

さて、ここまで売上を構成する「客数×客単価×購買頻度（リピート）」について解説してまいりました。

次にお伝えするのが、この要素をどの順番で作り上げていくのか、という部分です。どうしても、売上や利益を増やしたいと考えた時、私達は新規開拓に目が向きがちになります。

そのため、「まず新規開拓のための営業戦略や戦術を作るぞ！」と没頭してしまうのですが、ちょっと待った！

もちろん、新規開拓の戦略や戦術を構築することも大切です。

しかし、ぜひその前に「リピート促進」の仕組みを構築してください。先にお伝えしたリピート促進のうち、時系列のリピートと異経験のリピートが生まれる仕組みを、まずしっかりと作るのです。

それができてはじめて、その仕組みの中に新規開拓したお客様を誘導するために、新規開拓の戦略や戦術を練っていきます。

この順で全体の流れを作らないと、組織や大規模なリソースを持たない私達ひとり社長は、新規開拓に追われることになるのが明白です。既存のお客様のフォローが疎かになり、いつまでも新規開拓に追われる事業展開、つまり忙しいけれども儲からないビジネス地獄に陥る可能性がグンと高まってしまうのです。

ということで、ビジネスモデル（営業戦略）を構築する際は、まず「リピート促進の仕組み」をしっかり構築していきます。ここに、いかに新規のお客様を誘導するかという「新規開拓の仕組み」をつなげ、最後に全体の客単価が向上するには何をすべきかという「客単価向上の仕組み」を組み合わせます。

こんなイメージで全体を見ながら進めていただくのがオススメです。

06

お客様を「ファン化」する3ステップ

【① 顧客満足の落とし穴】

ここで私が言う「ファン化」つまり、ファン顧客とは、

「あなたが売っている商品は全部欲しい！」

「（あなたを信用しているので）言い値で取引します！」

というお客様のことを指します。ビジネス冥利に尽きるこのようなお客様は、どのようにして増やしていけばいいのでしょうか？


答えは簡単、「顧客満足度」を極限まで高めればいいのです。では、このよく耳にする「顧客満足度」というのはどうすれば高まるのか、ご存じですか？

「そんなの決まってるだろ。お客様のニーズをしっかり把握して、そのニーズにお応えすることができたら顧客満足が高まるんだ」

こんな声が聞こえてきそうですが、これ、顧客満足獲得の落とし穴です。実は、**お客様のニーズを満たしても顧客満足度が向上することはない**のです。

その理由を少々。実は、お客様が感じる満足という感情には次の2種類があります。まず、これを知っておきましょう。その2種類の満足感とは次の通りです。

〈所有満足〉

所有欲が満たされた時の満足感。「欲しいモノが手に入った」「食べたかったコレをやっと食べることができる」「来たかった場所に今来られた」という満足感が例として挙げられます。

〈顧客満足〉
その字が表すように顧客であることの満足感です。つまり、「この人の顧客でよかった」というもので、さらに平易に言うならば「この人から買ってよかった」という満足感もこれに該当します。

ここで、ニーズが満たされたお客様がどのような満足感を得るのか、考えてみましょう。

「喉が渇いた、冷たい水が飲みたい」と思った人が自動販売機を発見し、お金を入れて水を買い、その場でゴクゴクと飲み干しました。これがニーズを満たされた状況ですね。

この場面で前出の〈所有満足〉〈顧客満足〉に当てはめて考えてみるとわかります。欲しかったモノ（水）が手に入った、そして水を飲めたということで、所有の満足は満たされます。では、顧客満足はどうでしょう？

水を買った自動販売機に対して、〈顧客満足〉を感じるでしょうか？

ペットボトルの水を製造しているメーカー企業に何か特別な感情を持つでしょうか？

残念ながら、何も感じない人が多いかと思います。私も四十数年生きてきましたが、自動販売機や飲料水メーカーさんにその場で感謝の心や満足感を感じたことはありません（ごめんなさい）。

あなたはどうでしょう？

自動販売機で何気なく水を買い、「いやぁ、この自動販売機、最高だな！」と感動したこと、ありますか？

「俺はペットボトルの水を買う時は、絶対にあの自動販売機で買うんだ！」とお気に入りの自動販売機を持っている方、どれくらいいらっしゃるでしょうか？

これが、顧客満足の落とし穴。ニーズを満たしても顧客満足は発生しない、ということなのです。

【②お客様ニーズの正体】

だからといって、「ニーズなど要らん！」と言っているワケではありません。

実は、お客様のニーズが完璧に満たされた時というのが、ちょうど顧客満足度ゼロの状態なのです。要は、お客様は「お金を払ってるんだから、ニーズが満たされて当然だ」と無意識に思っているということです。

だから、ニーズが満たされて当たり前。もっと言うなら、ニーズが完璧に満たされなかった場合は顧客満足度がマイナスになってしまいます。つまり不満が噴出するという環境で私達は商売をしているのです。

先の自動販売機の例で考えるとわかりやすいですね。お金を入れてボタンを押したら冷えた水が出てくる。お客様の意識ではこれが「当たり前」ですから、水が買えても顧客満足感は高まりません。

では、ぬるい水が出てきたらどうでしょう？

水は出てきたのですが、イメージしていた、あっという間に結露だらけになるくらい冷えた水ではなく､常温より少し冷えた程度の水。その水を手にしたお客様の大部分が「ん？なんだ？」と眉をひそめるのではないでしょうか。そして、こう思うはずです。

「この自動販売機、なんだか嫌だな」

つまり、ニーズが完璧に満たされなかったために、この自動販売機にネガティブな感情を持ってしまったのです。

というわけで、長々と書いてきましたが、**「ニーズを満たしても顧客満足は得られない」**ということがご理解いただけたかと思います。それでは、どうすれば顧客満足を得ることができるのでしょうか？

次項ではその心理メカニズムを紐解いてまいりましょう。

【③ ニーズの二つ奥にある感情を刺激する】

「あなたから買ってよかった！」「これからもあなたから買いたい！」というファンのお客様作り、つまり**顧客満足を極大化するために満たしてさしあげるべき感情を、私は「ウィッシュ」と呼んでいます。**

このウィッシュという感情は、ニーズと呼ばれる感情の二つ奥にあることが多いです。まずはそのあたりを解説してまいりましょう。

ニーズ（手に入れたい）という感情の一つ奥には、ウォンツ（したい）という感情があります。「ドリルを売るな、穴を売れ」なんてよく言われる、アレです。

「お客様はドリルという商品を手に入れたい（ニーズ）と思ってるんじゃない！　そのドリルを使って穴を開けたい（ウォンツ）のだ」

こんな話ですね。

なるほどと思われた方も多いと思いますが、ウォンツ充足の商品やサービスをご提供しているだけじゃ、顧客満足にはたどり着きません。

あと一歩、もう一つ奥まで考えなければならないのです。

そのウォンツの一つ奥にあるのが、ウィッシュ（なりたい・ありたい・実現したい）という人間の感情です。

先のドリルの例で言うならば、ドリルを買って（ニーズ）穴を開けて（ウォンツ）、どうなりたいのか（ウィッシュ）。

この感情をお客様と共有できた時、顧客満足が生まれます。さぁ、ドリルを買いに来たお客様のウィッシュとは何だと思いますか？

もちろん、お客様によってウィッシュは変わってきますので、ケースごとにウィッシュを考えてみてください。

〈ケース１〉

いつも寝坊気味なお客様がいます。「寝室に時計がないことが原因では？」と思い、寝室の壁に掛け時計を設置しようと思い立ちました。そのため、壁に穴を開ける必要があることが発覚し、ドリルを買いに来ました。

もし、こんなお客様であれば、

「寝坊続きの毎日におさらば。寝坊の罪悪感から逃れて日々充実した生活を送る自分でありたい」

これがウィッシュだと思われます。

〈ケース2〉

業務のオンライン化が進み、自宅勤務がOKになりました。通勤がなくなったのはいいのだけれど、今までいなかった自宅に日中ずっといると、なんだか肩身が狭い。なんだか妻の機嫌もあまり宜しくない。

「よし、家庭円満のために、妻が前から困っていた食器棚の不具合を直してあげよう」

そう思い、ドリルを買いに来ました。

こんなお客様であれば、

「家庭円満で、居心地のいい在宅時間を過ごしたい」

これがウィッシュだと思われます。

いかがでしょう?

なんとなくウィッシュの正体が見えてきましたかね。人が商品やサービスを買う背景には、このウィッシュが必ず存在します。

ただ必ずしも、これを掘り当て、解決してあげる必要はありません。

あなたが、そのウィッシュを察することができているというのがお客様に伝われば、顧客満足という感情が生まれるのです。

それでは次に、BtoC、BtoBそれぞれのビジネスにおいて、ウィッシュとはどのようなものか、事例を交えてお伝えいたしましょう。

【事例1　とある眼鏡屋さん（BtoC・アナログ）】

私が、とある眼鏡屋さんのお手伝いをさせていただいた時のことです。この眼鏡屋さんの店主は、顧客満足度向上のため、アンケート調査やモニター座談会など、さまざまな策を講じていましたが、顧客維持率（リピート率）は減少の一途でした。

つまり、顧客「ニーズ」を第一に考えてしまっていたため、顧客満足度が高まらなかったのが原因です。

そこで、ニーズの二つ奥にある「ウィッシュ」という感情について学んでいただき、「眼鏡を買いに来るお客様のウィッシュとは何だろう？」ということを皆で考えました。

お客様が100人いらっしゃれば100通り以上ウィッシュがあります。想像力をフル回転させて、さまざまな顧客ウィッシュの仮説を立てていきました。

たとえば、先生が板書した文字が見にくいから眼鏡を買いに来た中学生を想定します。

眼鏡（ニーズ）↓ストレスなく勉強したい（ウォンツ）↓志望校に合格したい（ウィッシュ）

こんな具合になるかと思います。

そんなある日、50代と思しき男性のお客様が来店されました。お客様は老眼鏡をお探しの様子です。

老眼鏡（ニーズ）↓ウォンツは？

そう考え、お客様とコミュニケーションをとると、どうやら離れて暮らすお孫さんから手紙が届き、その返事を書くために度が合った老眼鏡を新調したいということでした。

はい、これがウォンツ（孫に手紙を書きたい）ですね。

では、ウィッシュは何でしょう？

この動機や、それを話しているお客様の表情（少し照れたにこにこ顔）で何となく想像できますよね？

そう、このお客様のウィッシュは、孫ともっと仲よくなりたいこと。孫にもっと「おじいちゃん！　おじいちゃん！」と言ってほしいということではないでしょうか？

先ほど言いました通り、ウィッシュを発見して、それを叶えたり支援してあげたりする必要は別にありません。そのお客様が持つ**ウィッシュを「理解していますよ」という共感の意思疎通ができればＯＫ**です。


「うわぁ、お孫さんおいくつなんですか？」

「じゃあ、今度の夏休みに遊びに来られるんじゃないですか？」

「なんてお名前なんですか？」


こんなコミュニケーションをとればいいというワケです。

実は、実際にあった話で、このような接客をされました。

「自分がやろうとしていること（ウォンツ）を理解してくれ、その先のウィッシュまでわかってくれている。このスタッフさん、なんていい人なんだろう」

そう感じたお客様は、店主の勧める老眼鏡を、さしたる商談もないままお買い上げになり、笑顔でお帰りになられました。

人は、自分のことを知ろうとしてくれている人、自分のことをわかってくれている人に絶大な信頼を寄せる生き物です。

これが顧客満足です。

おわかりでしょうか？
眼鏡屋さんに来店されたお客様の顧客満足は「眼鏡（ニーズ）」によって満たされるのではなく、眼鏡を手に入れた先の「ウィッシュ」をわかってもらえたという感覚なのです。

顧客満足を高めるために、商品やサービスのクオリティを頑張って向上させようとする方が多いのですが、それは後回しにしてもかまいません。

まずは、自分のお客様の「ウィッシュ」は何なのかをしっかりと予想して、見極めていくことが重要になります。アナログＢｔｏＣのビジネスのみならずあらゆるビジネスにおいても、原則は同様です。

【事例2　法人向けシステム営業（ＢｔｏＢ・オンライン）】

これは、実際に私が経営していた会社での事例です。

先の事例では眼鏡屋さん（一般小売・ＢｔｏＣ）でのウィッシュ思考についてご紹介させていただきましたが、この事例はＢｔｏＢ（法人向けビジネス）におけるウィッシュ思考についてご紹介します。

実は、ＢｔｏＣもＢｔｏＢも「お客様のウィッシュ」が顧客満足の源泉であることに違いないのですが、一つだけ違う点があります。

・ＢｔｏＣにはウィッシュが一つ。ＢｔｏＢにはウィッシュが二つある

これをよく覚えておいてください。

私の会社では、オフィスで使用する消耗品を販売していました。大手メーカーの商品よりも安価でご提供できるというのが自慢で、売上はうなぎのぼりです。

しかし、売上を凌ぐ勢いで在庫のコストやデリバリーコストも増加していて、利益率が下がっていたのです。

そこで取引データを見てみると、お客様のほとんどが小規模な企業様でした。オフィス規模が大きくないので、消耗品がなかなかなくならず、次の発注までの期間が長いのです。よって、どんどんお客様の数を増やしていくしかありませんが、その一方でデリバリーと在庫のコストがかさんでいくという悪循環に陥っていたのです。

そこで、営業方針を転換し、消耗品をもっとバンバン使ってくれる（であろう）大手中堅の企業に営業をかけ始めました。

しかし、全然売れません。見積もりすら出させてもらえません。年間数十万円、ひょっとすると百万円以上のコスト削減につながる商品なのに、まったく売れないのです。

「なぜだ、なぜ売れないんだ……」と悩んでいた時、友人にぼそっと言われてハッとしました。

その友人は大手企業の総務課で働いていて、悩む私に向かってこんなことを言ったのです。

「いやぁ、新規の取引口座を作るのって超面倒くさいのよ。与信チェックしたり、なぜそこと取引をするのか稟議書を書いたり。あと、結構バーターで取引してるから、関係性バサッと切るワケにもいかんのよねぇ」

衝撃でした。いい品を安く販売すれば、無条件で受け入れられると思っていた私の常識がぶっ壊された瞬間でした。

さぁ、お気づきでしょうか？

この一連の展開で、法人のウィッシュは二つあるということが証明されています。

法人のウィッシュその1は、法人そのもののウィッシュ（経営者のウィッシュ）。法人そのもののウィッシュとは次のものです。

商品や設備（ニーズ）↓コスト削減や売上アップ（ウォンツ）↓利益を最大化して成長や安定（ウィッシュ）

私が小規模な企業様を相手に営業していた時、商談相手はほとんど経営者の方でした。ですから、「コスト削減できます」という言葉がウィッシュを刺激し、即お買い上げとなることが多かったのです。

しかし、その後、営業対象を変えて大企業や中堅企業に営業した時、商談相手は経営者の方ではなく、購買の担当者さんに変わりました。とたんに、私の商品は売れなくなったのです。

つまり、担当者さんのウィッシュは、法人そのもののウィッシュとは異なるということです。だから営業トークが刺さらず、売れないのです。

では、担当者さんのウィッシュとは何でしょう？

それは前出の友人のセリフを見ればわかりますね。

ズバリ「面倒を避けたい」ということ、これが担当者さんのウィッシュです。

ちょっと棘のある言い方をします。

この担当者さんが自宅で使う消耗品があったとしましょう。今の店で買っている商品を私の商品に変えると、口座振替の用紙をもう一度書かなければならなかったり、使い慣れるまで少し手間がかかったりします。でも月に2万円近くコストが浮くとしたらいかがでしょう？

この場合、かなりの確率で私の商品にスイッチしてもらえると思います。

しかし、この担当者さんが個人の消費者から、企業の一員に立場が変わるとどうなるでしょうか？

月に2万円のコスト削減をしても、そのまま自分の給料が2万円増えるワケでもありません。それどころか、

「書類が面倒くさいし、使い慣れたものを変えるのも面倒。本当に安定供給してくれるのか疑問だし、もし問題があったらさらに面倒。だから、今回は見送ろう」

こう（無意識に）判断してしまう人が多いのです。

「今、決まったトコロがありますので」
「特に検討していませんので」
こんな感じで、商談にたどり着くはるか前の段階で断られます。

これは職業倫理や善悪の問題ではなく、人間に備わった心理（現状維持バイアス・ホメオスタシス）なのです。

これに気づいた私は、一気に営業戦略や戦術を見直しました。担当者さんのウィッシュは「利益を最大化したい」ではなく「……何だろう?」と、考え抜きました。

その結果、
「面倒を減らしたい（楽をしたい）」
「社内で評価されたい」

などのウィッシュを想定しました。

取引口座開設のために使う企業概要書や、稟議で使う仕様書や、納品形態の詳細資料を事前にご用意したり、保管倉庫との連携もコチラでやる旨のご提案、お客様が使用しているソフトに合わせた伝票類の整備などなど……。

「面倒を減らしたい」というウィッシュにお応えする手数をこれでもかと用意しました。

もちろん「社内で評価されたい」というウィッシュにお応えする手数も増やしましたが、あまりに生々しいので割愛します（笑）。

その結果、この年からどんどん大手企業との取引が増え、年商を倍以上にすることができま

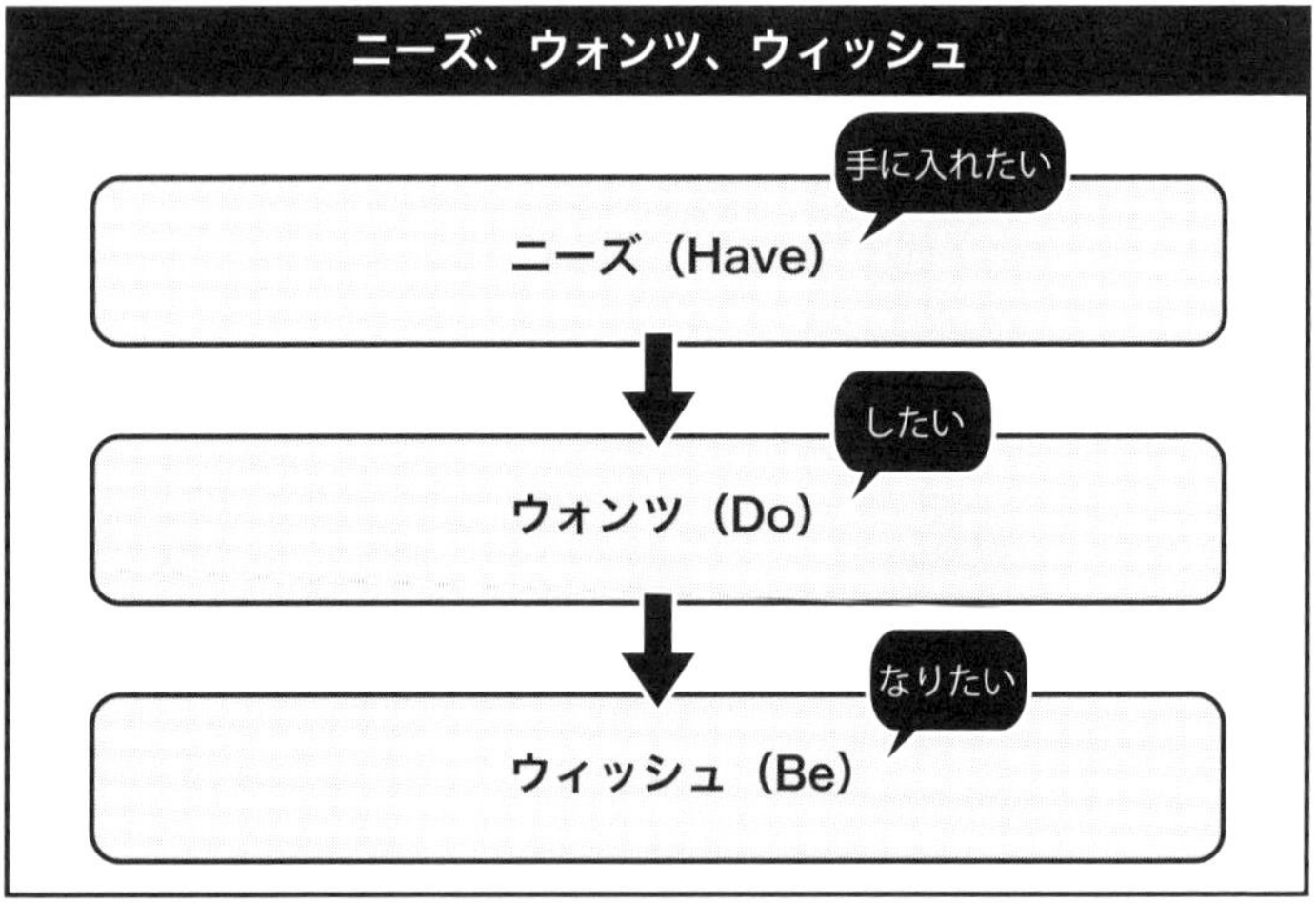

した。それだけでなく、大手企業との取引実績がさらなるお客様を呼ぶという好循環に入ることができたのです。

このように、法人向けに商品やサービスを提案する際には、交渉相手が「経営者」なのか「担当者」なのか。これをしっかり把握して切り口（ウィッシュ）を変えることが重要になります。

07

お客様ウィッシュを発見する「たった一つの質問」

事例を交えてお伝えしてきましたお客様の「ウィッシュ」ですが、その重要性に気づいていただけたかと思います。

「何となく理解はできたが、じゃあそのウィッシュを発見する方法は？」

こういう質問をリアルな場でもたくさんいただきますので、最も簡単に今すぐできる方法を一つお伝えしたいと思います。

日常の商談や販売現場でお客様から質問があった時、それがウィッシュを発見するチャンスだと考えましょう。

「納期は、〇〇日までに間に合いますかね？」

「これの色違いってありますか？」

このように、日常の現場でお客様から質問をいただくことがあると思います。ここでやっちゃダメな受け答えが「ＹＥＳ・ＮＯ」の返答です。お客様の質問に「ＹＥＳ・ＮＯ」の返事をしてしまうと、その後すぐ「いつまでにできますか？」「いくらですか？」という条件交渉に話題が移りがちになるからです。

まず、何より数字の条件交渉の中からは、お客様のウィッシュを垣間見ることができません。

もちろん、条件交渉の結果、買ってくださることもありますが、ウィッシュをつかんでいないまま、競合他社のものと値段や納期を比較されてしまうはめになることを忘れてはいけません。

そこで、お客様から条件交渉の質問があったら、その質問には答えず、こう聞いてみてください。

「どうされましたか？」

すると、以降の流れはこうなるはずです。

「納期は、○○日までに間に合いますかね？」

←

「どうされましたか？」

←

「いやぁ、実はですね……」

この「いやぁ、実はですね……」というのが、お客様のウォンツ（ウィッシュの一つ手前）になることがおわかりでしょうか？

では、もう少し会話例を見ておきましょう。

先の眼鏡屋さんの例で、お客様からの質問に「ＹＥＳ・ＮＯ」で答えた場合と、「どうされましたか？」で答えた場合、商談の流れはこう変わります。

〈ＹＥＳの返事〉

「もう少し手軽な老眼鏡ありますか？」

↓

「あ、ありますよ（ＹＥＳの返事）」

↓

「いくらですかね？」

と、条件交渉に移行。

〈ＮＯの返事〉

「もう少し手軽な老眼鏡ありますか？」

↓

「ごめんなさい、今陳列している分だけです」

↓

「あ、じゃあいいです」

と、代替案を提案する前に商談打ち切り。

〈「どうされましたか？」の返事〉

「もう少し手軽な老眼鏡ありますかね」

←

「どうされました？」

←

「いやぁ、実はね……」

と、高確率でウォンツを探り当てることが可能になります。ウォンツが見つかれば、その先のウィッシュを想定するのは簡単ですよね。

たとえば、「いやぁ、孫に手紙を書こうと思ったらね、手元が全然見えないの（笑）」なんて笑顔でお話しくださったら、「あぁ、お孫さんのこと大好きなんだなぁ」なんて気づくことができます。

もし、「新聞の株価欄が小さくて見づらくて」とお話しくださったら、投資に興味があるということも簡単に理解できます。

答えていただいたことに「ということは……」と考えれば、お客様のウィッシュがぼんやり見えてくるはずです。

さぁ、お客様から質問されたら「どうされましたか?」と質問してみてください。

第8章

ひとり社長の多角化戦略

01

多角化戦略のビジネスモデル

ここまでご紹介してきた「誰に・何を・どうやって・どのような収益構造で」を組み立てたビジネスを立ち上げ、オペレーションや営業戦略を組み立て実行したところ、ひとり社長としての力がついてきたとします。

そうしたら次に、多角化を目指してください。

ひとり社長として安定的に収益を上げていくには、**最低3本の柱（事業）を作ること**を目標にしていただきたいと思います。

物理的なイメージでいうと1本足、2本足ではグラグラしますが、3本足で支えるとしっかりと立ちますよね。そんなイメージです。

ちなみに私は10年かけて、会社を3社立ち上げて、それぞれの会社で利益の出る事業を最低3本以上作ってきました。ざっとご紹介すると、この通りです。

【コンサルティング事業の会社】
・企業のコンサルティング
・講演会への登壇
・自主開催セミナーと講座開催
など

【講師育成事業の会社】
・自主開催セミナーと講座開催
・講師のプロデュース業
・講師の紹介業
など

【動画関連事業の会社】

・講座開催
・動画制作（企画・制作）
・YouTubeチャンネルプロデュース
など

この他にも、個人事業としてオンラインサロンの運営や、執筆業、事業投資などを行っています。

10年ほどかけて、せっせと一人で立ち上げて、どの会社も「ひとり社長」として経営しています。

もちろん、一人で全てのオペレーションを行うのは不可能です。そこで、外部パートナーさんたちの力を借りてやっておりますが、これだけ売上の柱があると、ちょっとやそっとじゃ「全滅」ということにはなりません。

たとえば、２０２０年に全世界を襲ったコロナショック時、講演会のビジネスは見事に全滅し、６月いっぱいまで売上はゼロになってしまいました。

しかし、外出できない間、動画に取り組む人が激増し、動画関連事業の売上は倍増。結果、なんとか乗り越えることができました。

このような有事の際にも（もちろん売上は減少しますが）再起不能レベルのダメージを受けることはありませんでした。

このような自身の経験も含め、ぜひひとり社長の皆様には「多角化」を見据えた経営をしていただきたいと思っております。

02

多角化の落とし穴

前項で「多角化のススメ」を熱く語った直後で申し訳ないのですが、何でもかんでも多角化という方向に舵を切ることはオススメしません。

それどころか、危険です。多角化に向かいつつ、その危険を少しでも回避していく必要もあるため、実際に私が自分に課しているルールを3つご紹介します。

言うまでもありませんが、既存事業できっちり利益が出ていて、外部パートナーとの連携や自動化の仕組みを採り入れ、次の事業にまわす時間とお金がある、というのが大前提です。

これらができていない状態での多角化は、俗に言う「戦力の逐次投入」のような形になり、総崩れになる可能性が高まってしまいます。

その３つのルールとは、

①自分のスキルを水平展開する
②既存のお客様に垂直展開する
③リソースの効率化（一石多鳥）を狙う

それでは、それぞれを詳しく見ていきましょう。

03

自分のスキルを水平展開する

ビジネス（事業）を進めていくと、それによって身につくスキルそのものが次の商品になることが多々あります。

たとえば、私はひとり社長として活動を開始した当初、リピーターが逓増する経営戦略を専門とするコンサルティング業を選びました。

そして、コンサルティングに興味を持っていただく顧客開拓のためにセミナー開催をし、そのセミナーにお集まりいただくために、講演会への登壇を積極的に行ってきました（前著『ひとり社長の稼ぎ方・仕事のやり方』参照）。

10年近く「講師」として活動をしていると、講師になりたい、講師としてもっと活躍したいという方からご相談をいただくことが増えてきました。

そこで私は、講師として活躍したい人向けの講座を開催することに。リピーター逓増の仕組みを作るコンサルタントとしての活動と並行して、毎回満員になる「講師になる」講座が3年ほど続いています。

この講座を開催しているうちに、「講座ビジネス」に参入したいという方が現れ、これまた並行して「講座ビジネス作り」の講座を開催しました。

すると今度は、コンサルタント・セミナー講師・講演講師・講座を生業として独立したいという方がたくさんいることに気づき、「ひとり社長」を支援するビジネスを開始しました。

こんなふうに、一つのビジネスを継続していると、**それまでの実績や身につけたスキルを欲してくださるお客様**が現れてきます。

これを次のビジネスにしていくという発想が「スキルの水平展開」による多角化です。

現在、ひとりで飲食店を経営している方なら、その「ひとりで経営するノウハウ」が次の商品になります。

外部パートナーと一緒に建築業を営んでいる方なら、その外部パートナーとの連携方法や経営手法が次の商品になるほか、外部パートナーと他社とのマッチングで紹介料を得ることだって可能です。

「そんな難しいことではないし、そのノウハウを欲している人はいるのでしょうか?」

こんなことを思うかもしれませんが、自分が何気なくできているものに価値を感じてくれる方も一定数いるものです。

ご自身のスキルを棚卸しして、「スキルの水平展開」ができないか、必ず考えてみましょう。

現に私も、単に「組織作りが不向きだったから」という、それだけの理由で1人でコンサルタントとして今までやってきた結果、「ひとり社長」を支援するビジネスが売上の一定程度を占めるようになってきたワケですから。お客様に言われるまで気づきもしませんでした。

このように、お客様から言われて、自身の経験が商品になる場合もあります。

ただそれだけに頼らず、常に「自分が今やっていることをノウハウ（商品）化できないか？」という視点を持っておくことが大切です。

04

既存のお客様に垂直展開する

一言で言うなら「お客様の深掘り」。つまり、既存のお客様が次に必要とする商品やサービスを提供する、ということです。

この章の冒頭で、私が行っている事業をいくつかご紹介させていただきましたが、たとえばこの中の3つのサービス「セミナー（コンサルティング会社）」「講座（講師育成会社）」「動画制作（動画関連会社）」は、同じ1社のお客様にご提供していたりします。

要は、まず、コンサルティング会社のビジネスモデル構築セミナーをご受講いただき、「うちも展示会や説明会、セミナーで営業をしよう」と決意されたお客様がいらっしゃったということです。

ところが、うまくセミナーが実施できなかったため、次に、講師育成会社がご提供する講座に参加くださいました。説明会やセミナーの集客方法から組み立て方、契約のとり方までしっかり学んでいただき、結果を出していただくことに成功しました。

そして動画が大事だということで、集客力アップ・成約率アップのために、動画を使ったマーケティングへの取り組みを決意され、弊社の動画企画制作のサービスにお申し込みくださった、ということです。

このように、同じお客様に対してさまざまな角度からアプローチできるよう、顧客ニーズを元に多角化していきます。

ご存じの通り、ビジネスで最もコストがかかるのが新規開拓です。この多角化モデルはそのコストを大幅に圧縮できるため、オススメの方法です。

「じゃあ、１社で全部やれば？」という声も聞こえてきそうですが、動画だけをお求めのお客様、講師育成講座だけをお求めのお客様もいらっしゃいます。そのため、それぞれ別の事業体（会社）として独立させたほうが効果的に広告や営業ができます。

05

リソースの効率化（一石多鳥）を狙う

私の大好きな言葉は「一石多鳥」（造語）。ワンアクション・マルチリターン、ワンソース・マルチユースとも言われます。

要は、一つのアクションで二つ以上の結果を得る。一つの設備で二つ以上の役割を果たす、ということです。

わかりやすい例で言うと、自社（小売業）の商品をストックする倉庫の一部を、他社に貸して賃料をいただく、という感じですね。

最近、私が始めたことで言いますと、講演会やコンサルティングで出張に出かける時に旅動画を撮影することです。その動画をYouTubeにアップし、人気動画は1か月で10万回以上再生されるまでになりました。この実績が買われ、動画制作のオファーが急増という流れを作ることができました。

今までは出張の移動中と言えば、ぼーっとしているだけだったのですが、その移動時間を旅動画撮影に流用した結果、動画事業に思わぬメリットがもたらされたわけです。

また、私の知人は、自社の営業で外回りをする際、その移動時間を使って法人向けカタログ配布や個人宅へのポスティングを請け負うサービスを開始しました。

このように、時間や設備を2重3重に活用して、時間や設備の生産性（お金を生む効率）をどんどん高めていくための多角化です。

どうせやらなければならないことの上に売上を作るイメージですので、考えない手はありませんね。

06

技術→仲介→資産の3ステップ（縦の多角化）

先に述べた「多角化3つのルール」を踏まえ、私はリスク分散のための多角化をおこなってきましたが、実は多角化には、リスク分散のほかにも狙いがあります。

それは「やればやるほど楽になるステップアップ」のための多角化です。

これを実現するために特に意識しているのが、

・「技術→仲介→資産の3ステップ」

です。

私が過去経営していたホームページ制作会社を例にしましょう。

まずは、技術（制作）がメインの商品になります。お客様からご要望を伺い、制作し、納品するという流れです。

最もわかりやすいパターンですから、実際にビジネスを始めたばかりの方はこのように「自分の技術」で売上を作ることが多いのではないでしょうか？


このビジネスを否定しているワケではないのですが、自分の技術を売上に変えるビジネスには限界があります。

そこで、次のステップに移るために「仲介」という切り口でビジネスを考えます。


自身で制作ができるというのは、制作の細かな指示が出せることでもあります。

そこで、請け負った制作案件を制作パートナーに委託、自身は進行管理（ディレクション）に回ります。請け負った金額の７割を制作者にお渡ししていましたから、手元に残るのは３割程度。手元に残るお金は減りましたが、時間が10倍以上増えました。

なにせ、それまでは朝から晩まで（時に翌朝まで（笑））パソコンに向かっていたのが、数日に1回のミーティングくらいで済むようになりましたから。

この空いた時間で、せっせと営業をしてクライアント数を増やしていくと、パートナーさん達とのネットワークが（自然と）形成されていきます。

このネットワークが資産です。

それまでは、私が案件を獲得して、制作者さんにお願いする、という一方通行なものでした。

ただ今度は、「制作者さんからこんな案件あるんですけど、誰か対応お願いできませんかね？」という依頼が入るようになったのです。

それを、別の制作者さんにお願いして、わずかだけ紹介料をいただく、というようなことが可能になりました。

そのうち、進行管理や営業を代行してくれるパートナーさんも見つかり、結局私は何もしない状態になりました。言い方は少々失礼ですが、これが資産で売上を作るモデルとなります。

先にご紹介した「多角化３つのルール」で行うのは、次の通り。

・ビジネスを横に広げていく横の多角化
・この項のようなステップアップのための多角化というのは縦の多角化

両方とも、一考の価値ありです。

07

リスクヘッジとしての多角化（ウォームスタンバイ）

そもそも、多角化の大きな目的がこの「リスクヘッジ」であり、よりリスクヘッジに特化した多角化の形がこれにあたります。

伝説の経営者、故ジャック・ウェルチ氏が経営会議で、こんな問題提起をした逸話があります。

「あなたがライバル会社の経営者だとして、ウチの会社を潰すには何処を攻めると思う？」

まさにこの考え方です。

ライバルの立場で考えるのもいいでしょうし、自身のビジネスのアキレス腱をしっかり認識するという考え方でもいいでしょう。

たとえば、来店型のお店で対面販売をしたり食事を提供しているとしたら、お客様の来店がなくなったら窮地に追い込まれます。Ｗｅｂサービスを提供している事業であれば、ネット環境がなくなったらおしまいです。

まぁ、これは極端な例ではありますが、「〇〇がなくなったらやばい」「ライバルが〇〇を仕掛けてきたらマズイ」という想定、たくさんできますよね。

特にひとり社長の場合は「自分が動けなくなったら」と考えると、多くの事業が成り立たなくなるのではないでしょうか。

このリスクヘッジをするために補助的なビジネスを立ち上げておく、というのが、この多角化の目的です。

私の場合、２０２０年2月から猛威を振るった新型コロナウイルスの影響により、２月から6月にかけて講演会やセミナー、研修のほとんど全てがキャンセルになりました（執筆中の4月現在）。

そこで、2年ほど前から立ち上げて細々と展開、要はウォームスタンバイさせていた「オンラインコンサルティング」や「教材販売」というビジネスのアクセルをグッと踏み込みました。

結果、何とか売上的には、事なきを得ることができたのです。

このリスクヘッジ型の多角化は、既存事業と新規事業両方とも全力で展開しておく「ホットスタンバイ」でも、構想や仕組みだけ用意して

リスクヘッジとしての多角化

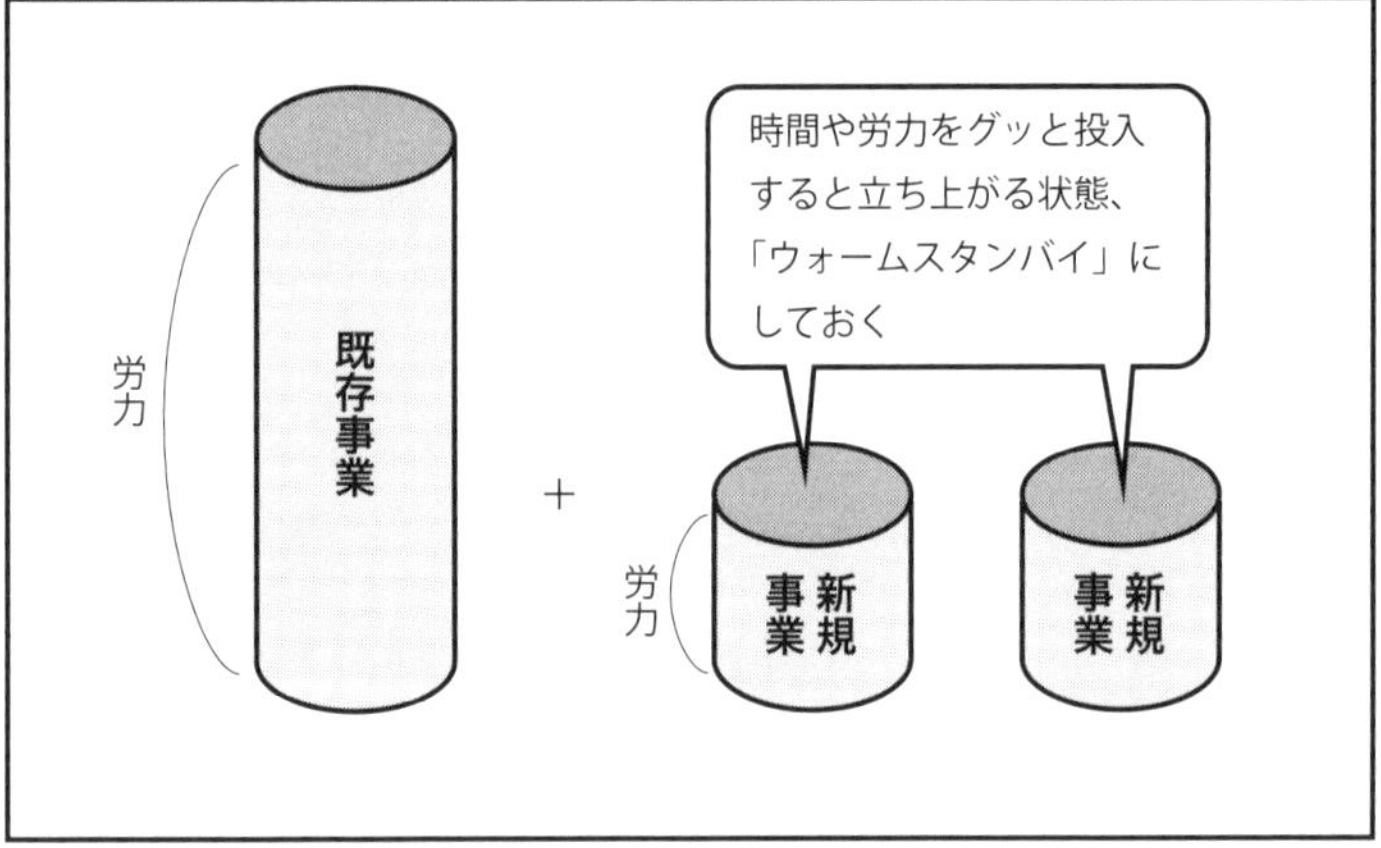

おいていざという時に開始する「コールドスタンバイ」でもありません。
アクセルを踏む（時間や労力をグッと投入する）と立ち上がる状態「ウォームスタンバイ」にしておくというのが特徴になります。

ことが起きてから取り組む（コールドスタンバイ）のでは遅すぎるので、それまでの間1件2件と利益は少なくともポツポツ始めておく（ウォームスタンバイ）ことが重要ということですね。

08

川上への多角化（遡上モデル）

次にご紹介する多角化戦略は「遡上」の多角化です。そう、鮭が産卵のために川を上っていく、あの遡上です。

ここで例を紹介しましょう。

・さまざまな企業経営の経験を元に、それを多くの方にお伝えするコンサルタント事業に進出した

・Ｗｅｂ制作の会社を経営していたが、自社のプロジェクト管理の仕組みを同業者に指導する事業を開始した

このようなモデルです。

要は、その時メインで稼働している事業の、一つ上流のビジネスを始めましょうというものです。もっと噛み砕いて言うと、**現業のノウハウを同業者に提供するビジネスを展開しましょう、**ということですね。

そして、この「遡上」は1ステップにとどまりません。

たとえば、企業経営の経験を元にコンサルティング事業を始めたとします。

その後、コンサルティング事業でしっかり利益が出るようになったので、その手法を同業のコンサルタントに提供しはじめました。その手法を採り入れて軌道に乗るコンサルタントが増えてきたので、彼ら彼女らを組織して団体を立ち上げました。

このように、上へ上へと遡上していくことが可能です。さぁ、あなたのノウハウや経験、ツールや仕組みを、同業者もしくは同類のビジネスをされている方にご提供できませんか？

09

多角化の副産物（ゴール戦略）

前著『ひとり社長の稼ぎ方・仕事のやり方』の最後「さいごに」で書かせていただいたのですが、私の当面の目標は「ひとり社長」の会社を束ねる「ひとり社長会社」の「ひとり社長」になることです。何だか面倒くさい言い回しですいません（笑）。

この考えの根源は、ひとり社長であるが故に「自分という人間が機能しなくなったらおしまいだ」という危機感にあります。ですから、「自分がいなくても回る仕組みを作りたい」その一心で全ての会社を経営しています。

残念ながら今の段階では、私という人間が不在になった場合、半分くらい事業はストップしてしまう、まだまだ発展途上の段階です。

この完成形（私の中での）が、「ひとり社長」の会社を束ねる「ひとり社長」の会社なのです。

要は、それぞれの会社は私以外のひとり社長が経営して、その経営管理やサポートをする私が経営する「ひとり社長」の会社を作るということです。


それぞれの会社はそれぞれの「ひとり社長」が経営していますから、私が不在でもまったく問題ありません。私が動けなくなっても、場合によっては配当をいただくこともあるでしょうし、少ない労働時間で顧問料を頂戴できるかもしれません。


その構想実現のために、私は多角化を進めているといっても過言ではありません。

ちょっと話がそれてしまいましたが、ひとり社長が多角化する時に大事なのは、**「自分が不在でも回る仕組みを作る」**ことです。

言い換えるならば、「自分に依存しない仕組みで回る会社を作る」こと。要は、いざという時に売却できるようにしておくということでもあるのです。

第9章

ひとり社長のオペレーション戦略

01

自分で「やる仕事・やらない仕事」の切り分け方

「ひとり社長には限られたリソースしかないんだから、何でも自分でやろうと思っちゃダメだよ」

こんなこと、もう耳にタコができるくらい、皆様聞いてますよね。

「そんなことわかってるよ！」と（笑）。

「自分でホームページを作るより、あなたは営業に専念して、ホームページはプロに任せましょう」

至極まっとう、正論です。でも、人間は「正しい」から取り組むんじゃないんですよね。

「そうしたい！」という「感情」が動いて、初めて人は行動に移します。

　ということは、単なる正論じゃなく感情で**「この作業は自分でやらず人に任せ、自分は自分にしかできないことに集中したほうがいいよね」と思えるようにすればいい**のです。

　そのためにすべきことと言えば、前著でもご紹介しましたが、必ず日報をつけるという単純なことです。何時から何時まで何をしたか。この時間の家計簿をつけることで、自分の生き方（時間の使い方）が可視化できます。

　自分では、バリバリ働いて充実していたと思っている1か月でも、過去1か月の日報（時間の家計簿）を見てみると、「……あら、1か月のうち○百時間もこの作業に費やしちゃってるよ」なんて気づきがあります。

　これを見てしまうと「こんなことやっとる場合じゃない。これだけの時間があれば営業用の告知ができたじゃないか」なんてことに、否応なく気づきます。すると、ぐぐっと感情が動くのです。

「目先のお金、ちょっともったいないけど、自分でやっとる場合じゃないな」というように思います。ぜひ、時間の家計簿たる「ｍｙ日報」をつけてみてください。

02

パートナー（外注先）の見つけ方

現在私も、

・事務仕事
・電話応対
・講演会のマネージメント
・デザインや制作物

こういった仕事を、10人ほどの外部パートナーさんにお願いして進めております。

今まで、「お願いしたけれどもお互い納得がいく取引ができなかった」という失敗をいくつも重ね、ようやく理想のパートナーさん達に囲まれて仕事ができる環境が整いました。

そうして、理想のパートナーさんを発見する方法をお伝えしましょう。それはズバリ「**知**

り合いからの紹介」で知り合う。コレです。

デザインや制作、事務や秘書業務など、今はネット上でマッチングしてくれるサービスがたくさんありますが、やっぱり知り合いの紹介が一番です。取引先や既存パートナーさんに「○○をお願いしたいんだけど、誰かいい人いないかな？」なんて、私はしょっちゅう口にしています。

取引先や既存パートナーさんは、私がやっていることややろうとしていること、私自身の性格までご存じですから、条件にピッタリの方をご紹介いただける確率が格段に高いのです。

さらに、紹介された方も紹介者の顔がありますから、もちろん手抜きなんてしませんし、一所懸命お仕事に取り組んでくださいます。

ネット上のマッチングサービスで「価格」「納期」といった指標で選んで取引を開始するよりも、知り合いに紹介してもらう。今はこれ一択です。

03

パートナー（外注先）との取引3つのポイント

【① 発注時の注意点】

初回取引前、またその後の都度発注時に知っておいていただきたいこと。それは、自分でその作業をやる数倍の労力がかかりますよ、という事実です。

たとえば、お客様対応の窓口を外部パートナーさんにお願いする場合。

私は、全て外部パートナーさんにお任せしていますが、講演会のオファー、コンサルティングのお問い合わせ、セミナー申し込みについてのお問い合わせ、予約しているセミナー開場からの連絡、役所からの連絡などなど、実にさまざまなお問い合わせがやってきます。

一口に講演会のオファーといっても、主催者様から直接のご連絡があったり、エージェントさんからの連絡があったり、日付が確定したお問い合わせがあったり、「〇月だったらいつ大丈夫ですか？」というお問い合わせがあったり、返送書類や企画書を必要とするお問い合わせがあったりします。もう、実にさまざまです。

私が直接お電話を受けた場合は、過去の取引で身につけた経験がありますから、

「あ、いつものアレでお願いします」

といった感じで話を進めることもできます。

しかし、これを外部パートナーさんに依頼するとなると、その全てをマニュアル化してお渡しする必要があります。

「A社さんの場合は決まった申込書があるので、それに記入してお渡しして！」

「仮押さえ日程は10日までというルールなので、それをまたぎそうになったらコチラから連絡を入れて！」

「請求のタイミングは……」

こういったようにです。

これが実に面倒くさい。

自分でやってしまえば、何もしなくてもOKですが、誰かにお願いする場合は「自分の頭の中にあるルールやマニュアル」を一度外に出さなければなりません。これを面倒くさがって「適当にやっといて」なんて言うと、パートナーさんも困りますし、クライアントだって困惑してしまいます。

外部パートナーさんにお願いする時には、まず最初に、自分でやる数十倍の手間がかかるものだ、ということに留意しておいてください。

自分でやれば1か月1の労力で済むものを、その月に10の労力で外部パートナーさんにバトンタッチしたとします。その後、自分は月に0・3の労力で済むとすると、15か月でペイできます。なんとも単純な計算式ではありますが、こんな感じです。

他の業務を依頼する際も同じです。

この業務は「何のために」やっているのかという目的をしっかり共有するための打ち合

わせや資料作成をしていきます。

そして、「依頼する方や成果物に求める効果はこう」「こういう使い方をするので、こんなふうに仕上げてほしい」などなどの意思疎通をする時間やコストから逃れることはできません。これは先行投資です。

ネットで知り合って、メッセンジャーでちゃちゃっとやりとりだけして、お互い満足のいく取引ができる。これは奇跡だと思ったほうがいいでしょう（笑）。

【②契約内容の注意点】

どんな小さな業務であっても、必ず契約書を作成し締結することをオススメします。言った言わない、契約の範囲内か範囲外かなどなど、些細なことで外部パートナーとの関係が悪化したり、金銭トラブルになってしまっては本末転倒です。

お互いが気持ちよく仕事できるよう、最初にしっかりと取り決めをして書面（契約書）を締結しておきましょう。

委託する業務によって契約内容に違いがあるでしょうが、押さえておきたいポイントを列挙します。

(1)依頼内容

・具体的にどんな作業をお願いするのか

(2)契約期間

・いつからいつまでの契約期間を設けるのか、また、契約期間満了後の継続についての取り決め

(3)報酬額と支払い方法、支払時期

・報酬金額と、いつまでにどうやって支払うのか

(4)資料の扱いと機密保持

・貸与した資料や機器の取り扱い範囲や取り扱い方法、また業務上知り得た情報のうち、機密情報にあたるものの範囲指定と取り扱いについて

(5)成果の権利と知的財産権について

・成果物はどちらが権利を有するかの取り決め、また第三者の権利を侵害してはならないという取り決め

(6)再委託の可否や手順

・委託した業務を第三者に再委託することの可否と、再委託が可能な場合はどのような手順で行うのかの取り決め

(7)権利義務譲渡について

・この契約内容を担保にしたり、第３者に譲り渡したりすることの可否

(8)協議事項

・契約書にない事項については両者で協議する旨の記載

(9)合意管轄

・やむを得ず両者で訴訟が生じた場合の管轄裁判所の指定

これらの項目は押さえておきましょう。契約書の作成については、専門家（弁護士）に依頼することをオススメします。

【③お金（発注金額）の注意点】

何だか偉そうなことを書いていますが、私も外部パートナーさんを選ぶ際にたくさんの失敗をしてきました。

私にとっても、また、パートナーさんにとっても満足感の少ない取引が生まれた背景には必ず「金額（安さ）」でしかパートナーさんを選んでいなかったという反省点があります。

YouTube に動画をアップし始めた頃、サムネイル画像を作成していただく外部パートナーさんを探していました。で、あろうことか「金額」で選んでしまったのです。

某ネットサービスに、サムネイル画像制作を請け負いますというフリーランスの方々がたくさん登録されています。どう選んでいいのかわからず、「えい！」と一番安い金額の方に依頼しました。１画像１５００円という金額だったと記憶しています。


「どんな感じがご希望ですか？」

「どなたか参考になる方の画像ありますか？」

こんな簡単な事前ヒアリングで、制作がスタートしました。

一所懸命作っていただいたのは重々承知しておりますが、私はでき上がりが気に入りません。

「自身の動画は経営者の方に視聴いただく想定なので……」とお伝えしたのですが、これが精一杯ですとの回答。仕方なくお支払いして納品いただきましたが、結局その画像はお蔵入りになりました。


次に（同じサイトで）1画像1万円という価格設定をしている方に打診してみたところ、「YouTubeチャンネルのコンセプトなど、まず詳しくお聞かせください」という返答があり、その後オンラインで2回ほど打ち合わせを重ねました。
そして、価格表や契約書を作成いただいた上で、オーダーし、納得のでき栄えに大満足でした。その後も数か月、継続してお願いしました。

つまり、ここで何を申し上げたいか。「金額」というのは、そのサービスのレベルに比例しますよということです。

先ほどの例で申し上げると、事前に打ち合わせをして、しっかり責任範囲を決め、契約書をとり交わして制作にとりかかるという流れでサービスは進みます。このサービスは絶対に1500円では提供できません。

一部の方には耳の痛い話かと思いますが、低価格というのは「自信のなさの現れ」であることが多いのです。

外部パートナーさんを選ぶ時は、こう考えてください。

「自分だったらいくらで請けるか」

外部パートナーさんは、安価でこき使える下請け業者ではありません。その考えで選ぶと、必ずと言っていいほど両者不満足感が残ることになるでしょう。

なんだか綺麗ごとのようですが、長くお互い満足感とやりがいを持って仕事を進めていく上で、絶対に欠かせないポイントであると、今は断言できます。

04

やらない仕事を決める

「やらないこと」というとちょっと語弊があるかもしれません。言い換えるならば「優先順位を下げる」ということでしょうか？

ここでご紹介するようなこと、仕事にまったく不要かと言われれば、そんなことはありません。きっと何処かで役に立つ可能性を秘めています。

しかしながら、限られたリソースを活かしてビジネスを発展させるには、優先順位を下げたり、場合によっては「やらない」という選択が必要になることがあるのも事実です。

ここでは、私が現在「やらない」と決めている（優先順位が下位のため、リソースを回さない）ことをいくつかご紹介します。

【①事業計画書って必要？】

特に、今から起業しようとしている方に多く見られるのですが、詳細な「事業計画書」を作り上げるのに、ものすごい時間や労力をかけている方がいらっしゃいます。

まるで事業計画書を作るのが事業であるかのように、です。

別に、事業計画書が不要だと申し上げたいのではありません。

「事業計画書を作成しても、そのとおりに物事が運ぶ可能性は……、ほぼゼロですよ」

こう申し上げたいのです。

また、テストマーケティングをしたわけでもなく、単なる机上の空論の「成約率が○％」とか「反応率が○％」という前提で、ビジネスモデル（事業計画）を作り、それを妄信してしまうのは、非常に危険です。

かといって、テストマーケティングを繰り返し、正確なデータをとろうとろうとしているとあっという間に時間が過ぎてしまいます。それこそ、事業計画を作る事業を行っている事態になりかねません。

もちろん、私も毎年、事業計画書を作っています。

しかし、その事業計画書は「ノートに手書き」です。規模が大きな会社なら、役員やたくさんいるスタッフとの意思疎通が必要ですから、しっかりとした読みやすい事業計画書を作る必要があります。

しかし、私達ひとり社長は、社長である自分の頭の中に「やるべきこと」「向かうべき方向性」がしっかり入っていればOKですから、手書きのノートで十分です。

金融機関との取引（融資）を実行する際には「事業計画書」を求められますが、手書きのノートを清書したもので十分です。

期待値込みの皮算用「事業計画書」を練りに練って作り込むよりも、手書きのノート「事業計画書」を作ってさっさとスタート。そして、その「事業計画書」と実際の現場がどう乖離しているのか。コレをつぶさに記録していくことのほうが重要です。

繰り返しになりますが、「事業計画書」を作る事業にならないよう、気をつけてください。

【②名刺の管理って本当に必要？】

「いつか連絡するかもしれない。いつか、ＤＭをお送りするかもしれない。いつか……」

こんな感じで、交換した名刺をしっかり管理したくなる気持ち、よくわかります。私も今まで、ありとあらゆる（いわゆる）名刺管理ソフトや、宛名ソフトに名刺データを登録してきました。

が、その「いつか」は今のところ一度も来ていません。

というのも、初めてお会いして名刺交換、仕事の話になったり、食事を一緒にしたりした後、すぐ名刺に書かれているメールアドレス宛にお礼のメールをしたり、初めてお会いした場でLINEやFacebookなどでつながったりすることが多いはずです。

以降、連絡がとりたくなった際には、送ったメール（返事をいただいていればそのメール）、交換したＳＮＳでその方と簡単に連絡をとることができます。

つまり、久しぶりに連絡をとろうと思った時には、「えっと……」と名刺データを探すのではなく過去のメールやＳＮＳで検索をして連絡先にたどり着くわけです。

これで何一つ不自由しません。

ですから私は、（前著にも書きましたが）交換させていただいた名刺はスキャナでサササッと全て読み込み、名刺管理アプリの「Ｅｉｇｈｔ（エイト）」に自動で取り込んでおしまい。

講演会でいろいろな人と名刺交換させていただきますが、このやり方だと１００枚の名刺をスキャンして取り込むのに5分もかかりません。

こうしておけば、万が一名刺のデータが必要になった時、ここで検索すればＯＫです。

【③その「訪問」は本当に必要？】

馬鹿にならないのが「移動」のコストです。「とりあえずご挨拶に……」「一度お伺いして……」「次回直接会って打ち合わせを……」など、移動を伴う行動を好む方が少なくありませんが、ひとり社長にとってはこの移動時間が結構な重荷になります。

もちろん、現場を直接見なければ始まらないこともあるでしょうし、私のように、お集まりいただいている場所まで行って講演する、という移動を伴う仕事の場合もあります。

しかし、仕事がら移動があっても仕方ないと思うのはＮＧです。

私の場合は、講演会で全国アチコチ移動する間、乗り物や街の風景、食べたものなどをせっせと動画にしてYouTubeにアップしています。この（にわか）旅動画は、動画制作事業における営業の一貫（こんなふうに作ることもできますよというアピール）としても役に立っているのです。

また、できるだけ乗り換えが少ない行程を組み、「移動中は読書（インプット）の時間としてキッチリ使い切る！」と決めています。

どうしても移動が必要な場合を除き、ミーティングや会議はオンラインで完結することもできますし、メールでの連絡で済むこともあるかと思います。本当に必要な訪問以外はしっかり意識して削減する。それがあなたのためでもあり、相手のためにもなります。

対面には対面のよさがある、というのも重々承知です。出かけて行った先で偶然の出会いがあり、そこからいろいろなことが広がるという可能性もあると思います。

しかし、移動の時間コストは馬鹿になりませんから、頭の片隅に「その訪問は本当に必要か」というクエスチョンを必ず置いておきましょう。

【④資料作りは仕事じゃない】

先日、とあるサービスのご提案を受けました。その方もひとり社長で事業を行っている方だったのですが、その資料にビックリしました。

商品サービスの紹介（詳細なスペック表）や導入事例、価格表や会社案内（沿革や企業理念）など、おそらくパワーポイントで作られたであろう資料が50ページほど。写真や凝ったデザインで綺麗に作り込まれた資料でした。

残念ながら「そのサービスは導入しない」という結論に至ってしまったのですが、商談の終盤、雑談がてら「いやぁ、凄いボリュームの資料ですね」とお話ししたところ「1週間かけて作った」とのことでした。

たしかに、以降は社名や細かい部分を修正すれば、使いまわしができるでしょう。しかし、私にとっては「1週間かけて作った」というのが衝撃的でした。

あなたはどうでしょう?

初回に見た資料が美しくデザインされているからといって「買う気」が高まるでしょうか?

「わぁ、資料上手に作ってるな」という程度にとどまるのではないでしょうか?

打ち合わせで使う資料は、シンプル・イズ・ベスト。A4用紙1枚くらいに、
・商品の特徴

・導入メリット・デメリット
・導入までの流れとコスト
これくらいの情報が書かれていたらある程度の内容が把握できます。

そして、他社の事例が知りたい、コストの内訳を知りたいなどの要望があってから、補足説明をしたり、場合によっては補足資料をつければいいのです。

以降、一度作った資料は使いまわしができるよう、ホームページなどに整理してアップという程度でＯＫかと思います。

ちなみに、この打ち合わせは、資料の説明を伺うだけで1時間ほどかかりました。

私と同じ、講演やセミナーに登壇する講師の中にも、１００ページほどのスライドをせっせと作っていらっしゃる方が多いのですが、これも同じ。スライドを作るのに夢中になってしまい、「スライドの量＝講演やセミナーの質」になってしまっている方がいらっしゃいます。

ちなみに、私は講演もセミナーも紙やスライドの資料は一切使用しません。

立派な資料は、作る時にも説明する時にもたくさんの時間を使ってしまいます。ひとり社長は、より売上につながる作業を優先しましょう。資料に凝るのではなく、売上が上がる行動や仕組み作りに多くの能力を投入したいものです。

第10章

ひとり社長10の掟

01

スピードに勝る戦術なし

ひとり社長が大企業に勝てることは、何でしょうか？
それは意思決定から実行に至る「スピード」、これしかありません。
とにかく、私達ひとり社長には「スピード」が必要です。私がよくクライアントである
ひとり社長に申し上げるのは、

・「今日閃《ひらめ》いて、今日作って、今日売る」

これができる態勢を作ってくださいということです。この原稿を書いている今（2020年4月）、世の中は新型コロナウイルスの影響により、世の中が大きく変わり始めました。

私はそんな中、「直接の面談ではなく、オンラインでの個別面談を求めている経営者がいるはずだ」と思い立ち、急遽オンライン個別相談（スポットコンサルティング）を提供することに決定しました。

早速前出（第4章、1対1・オンラインのデリバリー）のペライチを使い、お申し込みページを作成、自身のメールマガジンで即座に告知を行いました。結果、10名を超える方からのお申し込みがあったのですが、大事なのは、その数のお話ではありません。

今日閃いて

↓

今日作って（ペライチを利用して自分でページを作れるようスキルアップをしていた）

↓

今日売る（告知できるよう、メルマガの読者さんを今までせっせと増やし続けてきた）

この環境を作るために、日々の活動を行うことが重要なのです。

02

拡げるな！ 掘れ！

「相手の欲しいものを探り当て、適切なタイミングで提案する」

そんなビジネスの現場において、ひとり社長である私達は「拡げる」よりも「深掘りする」ことに意識を向けたほうが得策です。

それに気づいたのは、講演会で飛び回っていた時期です。とにかくたくさんの主催者さんと出会い、関係を持つ人を拡げていけばビジネスは安定すると信じていました。

しかし、結果は正反対。（ありがたいことに）毎日のように頂戴する講演のオファーにお応えすべく全国を飛び回っていましたが、ただそれだけでした。年間３００日を超える出張、移動と講演会の登壇だけで時間が過ぎていきました。

主催者の方々と深い関係を築く時間も気力もなく、ただ1回きりのお付き合いで終わっていく日々。ふと我に返り、恐怖を覚えたものです。

そこから、講演会に取り組む姿勢を変えました。講演の依頼をいただいた際には、担当者の方としっかりコミュニケーションをとるようにしたのです。

「その企業様はどんな事業を展開しているのか？」

「他にどんな講演会を企画しているのか、自分がお役に立てそうなことはないか？」

結果、今でも年間１００本近くの講演会に登壇させていただいておりますが、お付き合いのある企業様は15社ほど。自社のことを深く理解してくれている講師ということで重宝していただき、長いお付き合いをさせていただけています。

コンサルティングやその他事業も同様。「バーッとたくさんの人に買ってもらうぞ！」というビジネスよりも、しっかり関係性を維持できる数のクライアントと深く長くお付き合いをすること。

ひとり社長として長く生きていくためには、こちらが得策であると断言できます。

03

友達価格はアリ？ ナシ？

ひとり社長仲間と飲んでいると、時々この話題になります。友人から「友達価格でお願い！」と言われた時、「どうする？」と。

まぁ、これには正解はないでしょう。

知っておきたい人間の思考、行動経済学の世界でよく言われる「社会規範と市場規範」について（『予想どおりに不合理』ダン・アリエリー著／早川書房）の問題です。

言い換えれば、人が価値判断や意思決定をする際、社会規範（道徳や倫理）で判断するか、市場規範（価値・価格）で判断するか、というものです。

では、少し例を挙げてみましょう。

「自宅で家族が作ってくれたご飯に都度お金を支払いませんよね？」

これは人間関係（家族であるということ）を重視した、社会規範にあたります。

「レストランで食事をした後、お金を支払いますよね？」

これは価値に対価を支払うべきだという市場規範にあたります。

つまり「友達価格でお願い！」と言う友人は、社会規範に則って依頼をしてきたわけです。「きっと友達価格でやってくれるに違いない」と人間関係を重視したのですね。


そこに市場規範を持ち出して「ふざけるな！」と言ってみても何も解決しません。場合によっては「友人関係を軽視された」と逆恨みに似た感情を抱かれることもあるでしょう。

こういう場合は、「友人を大切に思い、素晴らしい人間関係を今後も継続していきたいし、何とか力になりたいと思っていること」をしっかり説明した上で、仕事でやっているため、代金をいただかないと、自分の生活に影響してしまうという旨を伝えてみてください。

私の場合、こうするとほとんどの友人が「そうだよね、ごめんね」と理解し、円満な人間関係を継続したまま、しっかりと対価を支払ってくれています。ごく稀に、「友達だから応援するよ！」ということで、提示金額よりも多く支払ってくれることもあります。

04 入金確認までが仕事

特に、起業したての方に多く見られるのですが、「請求書を出せば入金される」という意識、これは危険です。

ひとり社長の事業規模はそれほど大きくないことがほとんどかと思います。その中で1件の未収が会社の資金繰りを大きく狂わせる可能性があるということを、常に意識しておかなければなりません。

これは別に、相手が支払いを忘れていたり、意識して遅延したりということだけではありません。最初にキッチリと取り決めをしていなかったために、取引相手の処理ルールが適用されてしまった、というものも含まれます。

ですから、取引をする際には、必ず「支払い条件」の合意を得る作業が必要となるのです。

たとえば私の会社では、講演会のオファーを頂戴した際には必ず、弊社指定のお支払日を明記した申込書にご記入いただきますし、コンサルティングやセミナーのお申込みをいただいた際にも、必ずご入金期日をはっきりお知らせしています。

当たり前といえば当たり前のことなのですが、どうも「お金の話がニガテ」という方が多いようです。

そして、**ひとり社長たるもの「今どこにいくらの売掛があるか・入金日はいつか」を即座に答えられるようにしておく必要があります。**

私の会社では「日次決算」をしているため、ご入金期日を1日でも超過された場合、すぐにわかるようになっています。そして、経理業務を依頼している外部パートナーさんから、すぐにご連絡させていただく仕組みとなっているのです。

05

家族の理解なくしてビジネスは成り立たず

実は今、事務所でこの原稿を書いているのですが、時刻は午前3時。このようにスピードを重視するあまり、仕事が深夜に及ぶことも多々あります。また私に限っていえば、年間300日ほど家を留守にする出張が多い働き方をしています。

こんなふうに、思いっきり仕事に没頭できるのは家族の理解と協力あってこそ。感謝の気持ちでいっぱいです（伝わっているかどうかは別として（笑））。

その昔、華僑の友人に「後院失火」という言葉を教えてもらいました。院というのは家のことで、家の裏庭が火事だったら戦うことができない、という意味です。

つまり、家族の理解や応援がなければ全力で戦えないということです。実は、過去に離婚を経験している私には、この言葉が深く刺さりました。そして、大反省しました。

そこで今、新しい家庭を持って8年になりますが、同じ過ちを犯さぬよう、自分なりに最大の努力を払うようにしています。出張に出ている時も毎日5分だけでも電話で話す、喧嘩をしたらその日のうちに仲直りする努力をするなどなど。

まぁ、我が家の内情はこれくらいにしておきます。ひとり社長はとにかく自分自身のパフォーマンスがそのまま会社のパフォーマンスになるため、「家族の理解や応援なくして全力でビジネスはできない」ということをしっかり心に留めておきましょう。

06

脚が3本あれば自立する

椅子や机を見てみましょう。

脚が1本や2本だと自立しませんが、3本の脚で支えると自立します。4本になるとさらに安定します。

つまり、万が一に備え、**会社には3本柱（3つの事業）を持っておきましょう**、ということです。

先ほども多角化戦略のところで述べましたが、これから何が起きるかわかりませんし、3本柱があれば有事の時に助けてくれます。

とはいえ、何の脈略もなく「アチコチ手を広げましょう！」と言っているワケではありません。

私の場合は、過去を振り返っても、

・飲食＋福祉＋セキュリティ
・製造＋卸＋小売

といったように、常に3つ（以上）のビジネスを同時展開してきました。これらは、いずれの事業もほんの少しだけ領域が重なる事業です。

〈ケース1〉
・飲食店を経営する傍ら、その厨房設備や客席を使って福祉（会食・配食）サービスを開始、そのお客様のご自宅見守りサービスを展開し、付随業務として機械警備業務を行った

〈ケース2〉
・商品を自ら作り、代理店に卸売するとともに、自社でも小売をする

こんな具合です。

隣り合う異業種の事業を展開するというイメージでしょうか。このような隣り合う異業種というのは、事業におけるリスクヘッジになります。

たとえばケース2の場合を見てみましょう。

万が一、自社商品が売れなくなったら、工場で他社の製品を請負で製造することもできますし、卸のルートに他社の製品を乗せることもできます。

小売をやっていればエンドユーザーとつながりますので、別商品の販売や別サービスの開発がしやすくなります。

ケース1の場合は、それぞれが完全に別事業として切り離せますので、ニーズが旺盛なビジネスに集中すれば、全体の売上を底上げできます。

臆病者の私は今も、

・講演＋自主開催セミナー＋コンサルティング＋講座＋サロン＋制作＋講師紹介

というように、７つの事業を同時に走らせています。

今まで紹介した内容をおさらいして、ぜひとも3つの事業の柱を準備しておきましょう。準備しておけば、万が一のことが起きたとしても、慌てずにビジネスに集中し、立て直すことができます。

07

経営者を殺すのはいつも「固定費」

前著（『ひとり社長の稼ぎ方・仕事のやり方』）にも、何度も何度も書かせていただきましたが、ひとり社長にとどまらず、経営が逼迫してしまう理由の大半は「固定費」です。

2020年、新型コロナウイルスが全世界の経済に大打撃を与えました。個人事業主から大企業まで、ほぼ全ての事業主が何らかの影響を受けたのではないでしょうか？

仕事柄、多くの方からご相談をいただきましたが、そのお困りごとの多くは「お金」に起因しています。そして、その「お金」のほとんどが「固定費」に関することです。スタッフの給料をはじめ、事務所や店舗の家賃に悩まされています。

この「固定費」が有事の際、一番重くて大きな足かせとなってしまうのです。

私も過去、飲食店や製造業といった、場所に固定費が多く発生するビジネスや、スタッフをたくさん抱えて人件費という多額の固定費を抱えるビジネスをやってきました。

しかし、数年おきにやってきた「有事」の際、固定費の恐ろしさを痛感しました。「組織運営に向いていない」という自分の適性も相まって、11年前に今の「ひとり社長」スタイルに落ち着きました。

現在、3社を経営して東京・大阪・札幌に拠点を持っておりますが、その3社全ての固定費（私の役員報酬は除く）を足しても30万円に満たない額で経営できています。

徹底的にやればできます。「固定費」を削減し「変動費」化する意識を常に持ち続けましょう。

08

変数を絞る ～シンプル・イズ・ベスト～

10件の商談で何件の成約が見込めるか。

商談10件に対し成約が1件だったら、成約率は10％。この「10％」というのが変数です。

ビジネスモデルを組み立てる上で注意すべきは、この**「変数」の個数を一つでも少なくすること**です。

先の例で言えば、

・成約1件を獲得する10件の商談をするために何件のアポイントが必要か（変数2）
・そのアポイントをとるために、何件の架電が必要か（変数3）
・何通のメール営業が必要か（変数4）
・その架電やメールを行うためにＨＰから何件のお問い合わせが必要か（変数5）

・そのお問い合わせを獲得するには、何PV必要か（変数6）
・そのPVを得るには……

非常に単純化しましたが、ここまでで変数が6つ出現しました。そしてここからさらに、「架電やメールじゃなくSNSのメッセンジャーを使えばいいんじゃないか（変数＋1）」などアイディアが出てきたり、「ホームページのPVを増やすために、YouTubeを使えばいいんじゃないか（変数＋1）」「Twitterがいいんじゃないか（変数＋1）」と、際限なく変数が増えていきます。

変数が増えると「ビジネスの改善ポイントが見えなくなる」弊害が生じます。成約率を上げるには、どの変数（確率）を高めればいいのかが見えなくなり、新しい取り組みを加えてさらに変数を増やしてしまう……。こんな悪循環に陥ってしまいます。

これを避けるため、まずは変数が生じる場所を極力減らし、ビジネスの収益モデルを確立・改善する意識が必要です。

09

労働集約型からの脱却

労働集約型ビジネスというのは、売上を作るために人間の労働力が使われる割合が高いビジネスのことを言います。

たとえば、完全手作業の製造業や、接客業など、人間が動かないと売上を作ることができないビジネス。私達ひとり社長のビジネスで言うならば「自分が動かなければ売上にならない」という現象のことを指します。

私が事業の柱としている「講演・セミナー・コンサルティング」などは、まさにこの労働集約型の最たるもの。自分の体を使って行うビジネスです。

自分が自分の体を使って売上を作るというモデルは、非常に単純で取り組みやすい。そして、スキルや資格を要するものである場合、単価も高くなる傾向にあるため、多くの方がまず「労働集約型」のビジネスで売上を立てようとします。

しかし、ひとり社長の「労働集約型」ビジネスは非常にもろい側面を持っています。なぜなら、ひとり社長自身が倒れたり動けなくなったりしたら終わり、だからです。

病気や怪我で自身が「労働」ができなくなる可能性のほか、交通機関の乱れやその他外的要因でその場に出向けなくなる可能性もあります。

一つでも多くの「非労働集約型」ビジネスを作ろうと、10年間取り組んできました。教材販売の仕組みを作ったり、（私以外の）講師や専門家を派遣する仕組みを作ったり、まだまだ満足はしていませんが、以降も「私という個人」が直接動かなくとも売上が上がる仕組みを一つでも多く構築していきたいと考えています。

さぁ、あなたも「非労働集約型」の仕組みを一つでも多く作る意識を持ってください。

10 アイディアに「価値」はない

ビジネスの世界は「やったもの勝ち」です。今や完全に市民権を得た「YouTuber」という仕事。今、日本を代表するようなYouTuberは例外なく、さっさと始めて継続してきた人です。

YouTuberに限らず、業界を代表する成功者と呼ばれる人たちは、何かを「さっさと始めて継続した人」が多数ではないでしょうか？

YouTubeにせよ何にせよ、これをやったらうまくいくだろうなぁというアイディアは、多くの人の頭にあったはずです。それから数年後、うまくいった人と何も変わっていない人の差は「さっさと始めて継続した」かどうか。これに尽きます。

つまり、アイディアに価値があるのではなく、そのアイディアを素早く実行に移して継続するということに価値がある、ということです。

「そんなこと、言われなくてもわかっているよ！」という声が聞こえてきそうですが、そういう人に限ってできていません。

なぜそれができないのか。それは、失敗したらどうしようという恐怖と、継続できるかどうかという不安といったネガティブな感情（思い込み）にあるのではないでしょうか？

これさえ封じ込めることができれば、さっさと始めて継続することができると考えています。

そのために私は、

「何かをいち早く始めて、それを継続している人の『初期』に触れる」

ということを実行しています。

メールマガジンを10年以上出し続けている人のホームページで、「初期」の頃に出していたメールマガジンをバックナンバーで読んだり、YouTubeであれば、HIKAKINの「初期」の動画を視聴するなどです。

すると、誰もが「初期」は迷いながら、そして稚拙ながらも「とりあえず始める」という勢いで始めていることがわかります。そして、今の輝かしい実績につながっているということが身にしみてわかります。だから、「自分もさっさと始めて継続しよう！」という気持ちになれるのです。

オンラインコンテンツが主流の今、その輝かしい成功者の過去作品も簡単に閲覧できます。この手がオススメですよ。

おわりに

本書を最後までお読みいただきまして、まことにありがとうございました。

皆さんが既にご存じのことも含め、今回はビジネスに必要な要素を「網羅する」ということに重きを置いて、執筆いたしました。

この本を読んでいただいておわかりのように、世の中に「ウルトラC」のようなノウハウはありません。誰もが知っていることを組み合わせ、愚直に実行すること。これが遠回りのようで実は近道なのです。

そしてビジネスモデル作りとは、その「当たり前のこと」を組み合わせる方法を何通り知っているか、思いつくか、これに尽きます。

今後、日本にはますます「ひとり社長」が増えると考えています。そんな仲間の皆さんに向け、頭の中にあるモノを全て書かせていただきました。繰り返しになりますが「ウルトラC」の情報は1行もありません。

しかし、愚直に進めていけば、何が起きても生き抜いていける「ひとり社長」としての力がメキメキとついていきます。

まだ見ぬ「ウルトラC」に心を奪われることなく、ぜひ「当たり前のこと」に目を向けてください。そして、あなたが得意とする組み合わせを発見し、愚直に実行し続けてください。

きっと未来は明るいはずです。

その希望を胸に「ひとり社長」としての人生、一緒に心から楽しみましょう！

さいごに

「ひとり社長」は孤独です。だけれども一人ぼっちではありません。そんな気づきを改めて得られた執筆期間でした。執筆にご協力くださった皆様、今お付き合いくださっている皆様に改めて御礼申し上げます。

皆様の奮闘ぶりを拝見して、何度も何度も救われています。本当にありがとうございます。

そして最後の最後は恒例の……。

妻と雑種猫の安男くん。全然お家に帰れなくてごめんなさい。

２０２０年４月　　一圓 克彦

本書をお読みになった皆様へ

本書に書ききれなかったノウハウや、日々新しい情報をお届けしております。

【YouTube チャンネル】

一圓克彦のニッポンのハエギワ

経営に役立つヒントをお届けする、
YouTube チャンネルです。ぜひご覧（&ご登録）ください！

● PC の方はこちら

ニッポンのハエギワ 動画　検索

● スマホの方はこちら

【日刊メールマガジン】

日刊カンドコロ

3 分程度で読める情報を毎日お届け。
経営に役立つヒントをさらっとお読み頂けます。
ぜひご登録ください！

● PC の方はこちら

エンイチ　カンドコロ　検索

● スマホの方はこちら

■著者略歴
一圓　克彦（いちえん　かつひこ）

職業「ひとり社長」。平凡なサラリーマン、起業家（飲食、システム開発、デザイン）、二代目経営者等を経験。

満員電車に揺られるサラリーマンから、年商150億・従業員300人規模の会社経営までを経験し、2011年、自分史最も理想的な働き方「ひとり社長」に落ち着く。

最大の悩み「人間関係」から解放され、ひとり社長ならではの高収益ビジネスモデルを実現する事に成功。

現在は自ら2社のひとり社長企業の経営を行うほか、人間関係の悩みから開放されながら経営者としての醍醐味も味わえる「ひとり社長」の起業支援や、現役「ひとり社長」の経営支援を積極的におこなっている。

著書『0円で8割をリピーターにする集客術』（あさ出版）、『ひとり社長の稼ぎ方・仕事のやり方』（明日香出版社）ほか。

編集協力：古川創一

本書の内容に関するお問い合わせは弊社HPからお願いいたします。

ひとり社長《しゃちょう》だから自由自在《じゆうじざい》！ 驚《おどろ》くほど高収益《こうしゅうえき》なビジネスモデル設計法《せっけいほう》

2020年　6月　17日　初版発行

著　者　一《いち》圓《えん》克《かつ》彦《ひこ》
発行者　石野栄一

明日香出版社
〒112-0005 東京都文京区水道2-11-5
電話（03）5395-7650（代表）
（03）5395-7654（FAX）
郵便振替 00150-6-183481
http://www.asuka-g.co.jp

■スタッフ■　編集　小林勝／久松圭祐／藤田知子／田中裕也
営業　渡辺久夫／奥本達哉／横尾一樹／関山美保子／藤本さやか
財務　早川朋子

印刷　株式会社文昇堂
製本　根本製本株式会社
ISBN 978-4-7569-2094-2 C0034

本書のコピー、スキャン、デジタル化等の無断複製は著作権法上で禁じられています。

乱丁本・落丁本はお取り替え致します。

©Katsuhiko Ichien 2020 Printed in Japan

社員ゼロ！
きちんと稼げる「1人会社」のはじめ方

山本　憲明

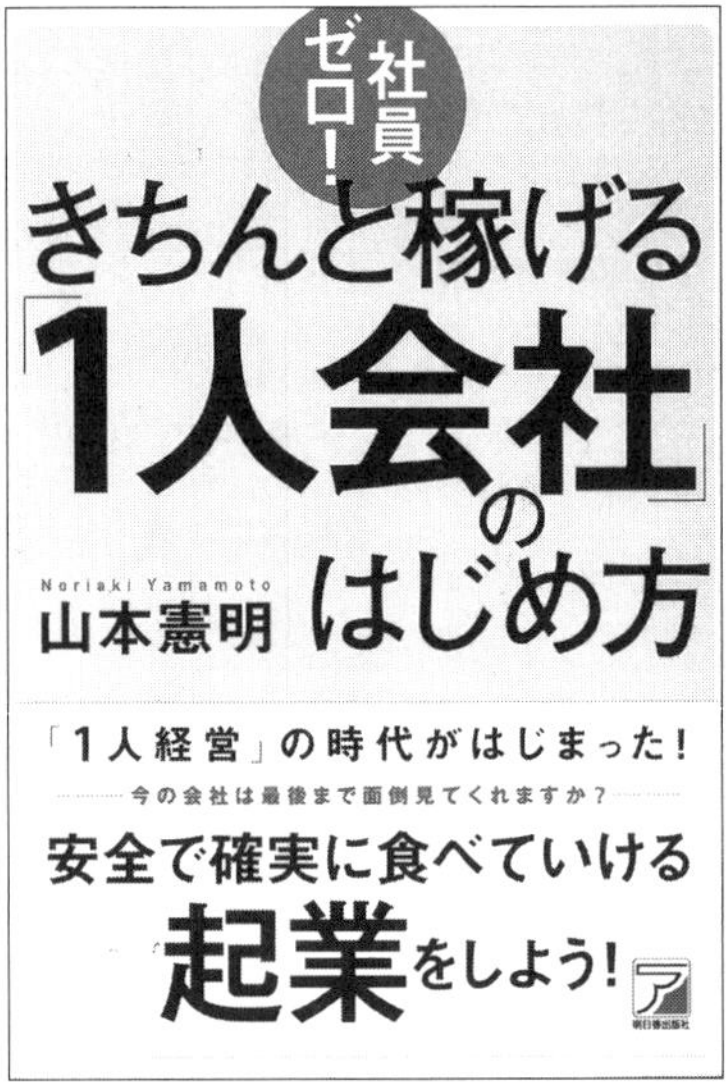

本体 1500 円＋税　B6 並製　248 ページ
ISBN978-4-7569-2052-2　2019/10 発行

自分の得意なことや好きなことをじっくり、ムリをせず、着実に進めていけばいいのです。

税理士の著者が自分で実践したことやクライアントが実践していることを例にして、わかりやすく解説します。

起業を考えたら必ず読む本

井上　達也

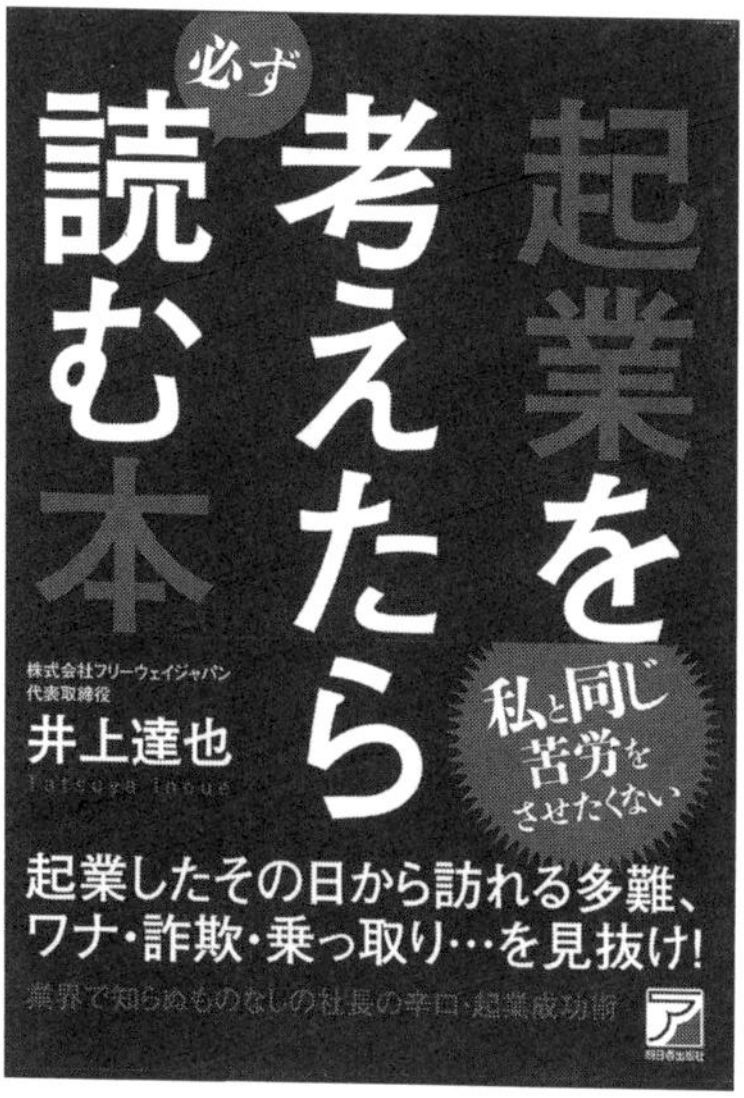

本体 1500 円＋税　B6 並製　248 ページ
ISBN978-4-7569-1855-0　2016/09 発行

創業 25 年、徒手空拳で会社をいちからたたき上げ、強くしてきた自負があるからこそ書ける、起業のアドバイス本。
起業を思い立ったらやること、決意して会社を辞める前にやっておくこと、会社を作ったらやること、負けず成功するために心に刻んでおくことなどのアドバイスを紹介。

ひとり社長の稼ぎ方・仕事のやり方

一圓 克彦

本体 1500 円＋税　B6 並製　256 ページ
ISBN978-4-7569-2019-5　2019/03 発行

ひとりで会社をたて、食べていくのは簡単なことではありません。

ひとり社長で稼ぐには「小さな労力で大きな成果を上げる仕組み」をつくる必要があります。ひとり社長のビジネスモデルの紹介＆稼ぎ方をはじめ、営業戦略や情報発信など、ひとり社長が仕事をしていくうえで欠かせないことも紹介していきます。